시골 정원사의 가드닝 교실

일러두기
식물 이름은 국가표준식물목록(www.nature.go.kr/kpni/index.do)의 정명을 기준으로 정리했습니다. 목록에 없는 식물은 라틴어 학명을 그대로 쓰거나, 통용되는 이름을 사용했으며, 정확한 품종명을 알 수 없는 식물은 속명을 식물 이름으로 표기했습니다.

정원 구상부터 작은 화단 만들기까지
시골 정원사의 가드닝 교실

오도 지음

들어가는 글

정원으로 가는 길에 들어설 때마다 늘 마음이 설레고 기분이 좋아진다. 정원에 자리 잡은 식물에 가까이 다가갈수록 평소에는 보이지 않던 작은 풀과 벌레, 벌과 나비들의 움직임이 눈에 들어온다. 그 아래 흙 속 세상은 어떨지 상상하게 되고, 나무로 둘러싸인 편안하고 고요한 곳에 머무를 때는 말할 수 없는 평화로움과 온기가 나의 모든 감각을 자극한다.

어려서부터 시골에서 자란 나는 새벽같이 논과 밭으로 나가 일을 하고, 해가 떨어져 어두컴컴해져서야 집으로 돌아갈 수 있었다. 집과 마당 빼고는 주변에 온갖 먹을거리 채소들로 가득했고, 소를 키우는 외양간과 돼지·닭 축사가 집을 둘러싸고 있었다. 풀 한 포기 심을 공간이 없을 정도로 빈틈없이 작물이 자랐고, 늘 바빴다.

그런데 다행이었던 것은 우리 집 위쪽으로 과수원이 있어 봄이 되면 사과나무와 배나무의 꽃이 흐드러지게 피어났고, 동네 할머니들의 꽃밭은 늘 나의 놀이터가 되어 주었다. 과수원에는 사과나무랑 배나무만 있지 않았다. 과수원으로 들어가는 양옆으로 여러 가지 색깔의 예쁜 꽃을 피우는 장미가 있었고, 기와집 앞마당에는 작약이며 백합, 원추리 등 화려한 꽃을 피우는 처음 보는 식물로 가득했다. 어린 나는 그 꽃들이 자꾸만 보고 싶어 엄마가 사과를 사러 가신다고 하면 꼭 따라가곤 했다.

그뿐만이 아니다. 우리 동네에는 여섯 가구가 옹기종기 모여 살았는데, 집마다 할머니들이 텃밭을 가꾸셨다. 각기 다른 모양의 텃밭에는 채소 사이사이로 해바라기며 채송화, 봉숭아, 맨드라미 등이 한데 어우러져 너무나 자연스럽게 자라고 있었다. 시골에서 흔히 볼 수 있었던 화사한 꽃들과 연보랏빛 가지꽃, 노란 호박꽃 그리고 붉은빛의 상춧잎 등이 어우러진 텃밭은 그 자체로 정원이 되었다. 지금도 나는 정원을 생각하면 그 시절이 생각난다.

고등학생이 되어서는 풀무농업고등기술학교를 다녔다. 우리 학교는 일본에 있는 애농(愛農)학교 교장선생님과 연이 닿아 우리나라에서 처음으로 유기농업을 시작한 곳이다. 학교를 졸업할 즈음, 나는 유기농업을 조금 더 배우고 싶다는 생각에 일본으로 유학을 떠났다. 게이센여학원대학에서 공부했는데, 원예대학이다 보니 농업뿐만이 아니라 원예·조경·과수·축산 관련 과가 모두 갖추어져 있었다. 1952년에 개교한 이 학교에는 40년 넘게 잘 가꾸어진 영국식 정원이 있었다. 매년 200명의 여학생이 캠퍼스 곳곳에 화단을 만들고 가꾸는 아름다운 정원 속 학교였다.

그동안 한 번도 경험해 보지 못한, 정원이 있는 학교에서 보낸 3년은 나의 삶을 송두리째 바꾸어 놓았다. 화단설계를 전공하면서 생애 처음으로 꽃씨를 뿌려 보고, 화단을 만들고, 식물원(여미지식물원, 천리포수목원)에 취직해 식물을 공부하며 정원 만들기에 마음을 다하기 시작했다. 그러던 중 2003년부터 풀무학교 전공부에서 근무를 시작하면서 텃밭정원을 만들고 학교 정원에 풀과 나무를 심기 시작했다. 20년이 지난 지금 나무들은 내 키보다 다섯 배에서 열 배 넘게 자라 숲을 닮아 가고 있다.

이렇게 지내는 사이, 많은 사람이 정원에 관심을 나타냈다. 사람들은 어떻게 하면 정원을 만들 수 있는지 종종 나에게 질문한다. 그때마다 어디서부터 어떻게 설명해야 할지 늘 고민이 되었다. 그러다 5년 전쯤 누구나 쉽게 정원을 만들 수 있도록 도움을 주고 싶다는 생각을 하게 되었다. 대학에서 배웠던 것처럼 아무것도 몰랐던 내가 정원에서 아름다움을 느끼고, 식물 이름을 외우며 정원 설계를 하고 만들기까지, 내가 경험했던 정원 만들기에 관한 모든 것을 나누고 싶다는 마음으로 자료를 하나씩 준비하고 정리해 나갔다.

시간이 갈수록 정원 만들기에 대한 사람들의 관심이 높아지고 관련 정보가 쏟아지는 것을 보면서 30년 전에 학교에서 배운 내용이 도움이 될까 하는 생각에 자료 정리를 멈춘 적이 있었다. 그러던 중 친구로부터 집에 정원을 만들려고 하는데 책을 추천해 달라는 연락을 받고 다시 용기를 내보기로 했다. 무슨 일이든 시간이 지나고 세월이 흘러도 기본과 원칙은 변하지 않는다고 생각한다. 특히 농사와 정원을 만드는 일처럼 몸을 쓰는 일은 더욱 그렇다고 생각한다. 기본에 충실한 자료, 그래서 누구나 쉽게 보고 따라 할 수 있는 내용으로 채우고 싶어졌다.

꽃씨는 어떻게 생겼는지 관찰하고, 씨를 뿌리고, 가꾸고, 색감에 맞게 디자인하고, 정원에 심고, 꽃이 지고 나면 다시 씨를 받고. 이 모든 과정이 몸과 연결되면서 자연스럽게 정원사가 되어 간다고 생각한다. 기본을 잘 익히고 나면 그다음부터는 정원사 각자의 개성이 담긴 정원이 저절로 만들어지는 것이다.

식물을 가꾸고, 나무를 심고, 정원을 만들고 싶어 하는 사람이라면 이미 그 사람 안에 정원이 들어와 있다고 생각한다. 부족하지만 그 첫걸음에 이 책이 조금이나마 도움이 되기를 바라며 부끄러운 마음을 달래 본다.

이 책이 나오기까지 식물학자이자 정원사였던 남편의 그림자가 힘들 때마다 다시 시작할 수 있게 해 주었다. 그가 영국에서 공부하며 찍었던 사진들과 정원을 만드는 모든 순간을 사진으로 담아 자료를 정리해 주었기에 가능한 일이었다. 지금은 고인이 되어 곁에 없지만 한결같이 지켜봐 주고 힘이 되어 준 남편 김시용의 우정에 고맙다. 긴 시간 원고를 쓰느라 고심하는 엄마를 위해 격려와 즐거움을 선사해 준 사랑하는 딸 산과 아들 민에게도 고마운 마음을 전한다. 화단 스케치 사진을 정성껏 찍어 준 혜정과 부족한 원고를 선뜻 받아 주시고, 원고를 다듬어 책으로 엮어 준 목수책방의 전은정 대표에게도 감사하다.

2025년 6월, 오도

차례

한 송이 꽃이 모여 정원이 되기까지
어떤 화단을 만들고 싶은가 _____012

베드 _____013
보더가든 _____018
벽정원 _____024
암석정원 _____026
구근정원 _____030
컨테이너가든 _____032
허브가든 _____034
텃밭정원 _____040
연못정원 _____042
그라스가든 _____046
숲정원 _____047

정원 만들 곳의 환경 조건을 살핀다
식물이 자랄 곳의 환경은 어떤가 _____050

날씨가 어떤지 알아본다 _____050
하루 동안 해가 얼마나 들어오는지 현장에서 파악한다 _____052
토양 상태를 점검한다 _____052
공간을 어떻게 이용할 것인지 먼저 그림을 그려 본다 _____056
1년 중 꽃이 가장 아름답게 피어나기를 원하는 때가 언제인지 생각한다 _____060
관리 시간과 경비가 어느 정도 들지 예산을 세워 본다 _____062

만들고 싶은 화단의 이미지에 맞는 색감을 정한다
정원에 조화로운 색의 옷을 입히자 _____ 064

색채의 유혹 _____ 064
마음을 움직이는 정원의 색 _____ 066
식물로 만들어 내는 정원의 색 조합 _____ 067
　　색 조합의 기본 패턴 1 - 동일한 색상(단색)의 조합 _____ 069
　　색 조합의 기본 패턴 2 - 비슷한 색상(유사색)의 조합 _____ 070
　　색 조합의 기본 패턴 3 - 반대되는 색상(보색)의 조합 _____ 071
　　색 조합의 기본 패턴 4 - 여러 가지 색상(다색)의 조합 _____ 072
　　양적인 조화 _____ 073
색채 이미지를 생각한 후 어떻게 심을지 디자인한다 _____ 074
한해살이풀과 여러해살이풀의 비율을 정한다 _____ 080
식물의 키에 따라 배치하거나 모아 심는다 _____ 083
　　화서와 꽃송이 관찰하기 _____ 083
　　하나의 식물체가 자라는 모습 관찰하기 _____ 085
　　식물체 조합 사례 _____ 088

모종 준비
정원에 심을 식물 모종을 준비하자 _____ 092

씨 뿌리기 _____ 092
　　원예 상토에 씨 뿌리기 _____ 093
　　　　트레이에 씨 뿌리기 _____ 093
　　　　포트에 씨 뿌리기 _____ 097
　　　　삽목 상자에 씨 뿌리기 _____ 100
　　화단에 직접 씨 뿌리기 _____ 104
　　봄에 씨 뿌리기 _____ 106
　　가을에 씨 뿌리기 _____ 106
포기 나누기 _____ 108
　　삽을 이용한 방법 _____ 108
　　포크를 이용한 방법 _____ 110
　　칼을 이용한 방법 _____ 113
　　손을 이용한 방법 _____ 115
모종 옮겨심기 _____ 117
삽목하기 _____ 121

정원의 기본, 작은 화단 만들기
모종 준비가 끝났으면 직접 화단을 만들어 보자 _____130

봄 화단 거름내기와 모종 심기 _____130
  시든 가지 정리해 주기 _____131
  화단 만들 곳의 면적 재기 _____136
  식재도 그리기(봄·여름 화단) _____136
  거름 주고 뒤집은 후 구획 나누기 _____144
  모종 심기 _____150
풀 뽑기, 순지르기 등의 정원 관리 _____167
  풀 뽑기 _____167
  시든 꽃 따 주기 _____173
  순지르기 _____176
  씨 받기 _____179
  화분을 이용한 미니 화단 만들기 _____182
가을 화단을 위한 식물 교체하기 _____186
내년 봄 정원을 위해 구근식물 심기 _____190
  가을에 심어 봄에 꽃을 보는 구근식물 _____192
  봄에 심어 여름·가을에 꽃을 보는 구근식물 _____203
  추위에 약한 식물 옷 입혀 주기 _____206
눈 내린 겨울 정원을 즐기며 내년을 기약하기 _____207

부록
색의 기본 특성과 꽃 색상별 정원식물 _____210

흰색 _____212

노란색 _____227

빨간색 _____242

주황색 _____255

파란색 _____268

분홍색 _____280

보라색 _____293

초록색 _____307

갈색 _____319

검은색 _____333

은색 _____343

한 송이 꽃이 모여 정원이 되기까지

어떤 화단을 만들고 싶은가

누군가 정성껏 가꾼 아름다운 정원을 바라보거나 거닐다 보면 기분이 좋아진다. 《타샤의 정원》 같은 정원 관련 책에 나오는 사진들만 봐도 입가에 미소가 번진다. 그러다 서서히 정원에 관심이 생기면서 '나도 이렇게 아름다운 정원이 있는 집에서 살고 싶다'라는 생각에 빠지게 되지만, 곧바로 '그럼 무엇부터 해야 하나' 난감해진다. 몇 년 전 천리포수목원에서 정원 아카데미 수업을 진행할 때 수강생 한 분이 해 준 말이 생각난다. 도시에서 살다가 전원생활을 하고 싶어서 시골에 땅도 사고 집도 지었는데, 정원을 어떻게 해야 할지 몰라서 수업을 들으러 왔다고 했다. 그저 막막할 뿐이라는 말과 함께.

사실 오랜 시간 정원을 만들어 온 정원사들에게도 정원을 만드는 일은 쉽지 않다. 하나의 정원을 만들기 위해 생각해야 할 것, 준비해야 할 것이 한두 가지가 아니기 때문이다. 오랫동안 정원 만들기를 공부해 온 사람들에게도 어려운 일인데, 어떻게 초보 정원사가 하루아침에 정원을 잘 만들 수 있겠는가.

하지만 그렇다고 해서 영 답이 없는 것은 아니다. 뭔가 대단한 방법을 찾기보다 '내가 좋아하는 식물을 하나씩 구해서 심고 싶은 곳에 심어 보는 것'부터 하면 된다. 그러면서 어떤 꽃이 언제 피는지, 꽃 색깔은 어떤지, 잎은 어떻게 생겼는지, 겨울은 잘 나는지 등을 관찰하고 기록하면서 마음에 새겨보는 것이다. 그러다 보면 한 종이었던 식물이 열 종이 되고 스무 종이 되면서 정원의 모습이 조금씩 만들어진다.

영국을 대표하는 정원사 거투르드 지킬(Gertrude Jekyll)은 자신이 했던 식물 관찰 경험에 대해 다음과 같이 이야기했다.

만약 여러분 앞에 어떤 꽃이 있다면

그 꽃을 훑어 보고, 돌려서도 보고, 냄새를 맡아 보며
꽃의 아주 작은 비밀이라도 찾으려 노력해 보세요.
단지 꽃뿐만 아니라 잎과 눈과 줄기 또한 그렇게 해 보면
여러분은 경이로운 것을 많이 찾게 될 것입니다.
이것이 식물을 여러분의 친구로 만드는 방법이고,
삶이 다하는 날까지 여러분은 훌륭한 친구들을
많이 만나게 될 것입니다.

지킬의 말을 잘 들여다보면 정원 만들기의 시작은 식물 관찰이 아닐까, 라는 생각이 든다. 식물을 관찰하다 보면 내가 좋아하는 정원, 만들고 싶은 정원의 이미지가 하나씩 떠오를 것이다.

화사하게 피어나는 꽃이 좋다면 주로 한해살이나 두해살이, 여러해살이 초화류를 모아 심는 화단(flower garden)을 만들면 되고, 나무가 좋다면 식물원에서 흔히 볼 수 있는 숲정원(woodland garden)을 만들어 보면 된다. 요리나 차로 이용할 수 있는 허브류가 좋다면 허브를 모아서 심기 시작해 나중에 종류가 많아지면 정원(herb garden) 형태로 만들면 된다.

무리해서 하루아침에 무언가를 완성하려 하지 않는 것이 좋다. 우선 마음에 드는 식물을 모아서 심는 형태의 작은 화단에서부터 시작하자. 아름다운 정원은 대부분 여러 가지 형태의 화단이나 작은 정원이 하나둘 모여서 하나의 큰 정원으로 완성된다는 사실을 알 수 있다. 식물 하나하나가 가지고 있는 개성을 살려가면서 식물의 모양과 색의 아름다움이 조화를 이루도록 정원 전체를 만들어 가는 것이다.

화단과 정원은 그 모양이나 심는 식물이 자라는 형태에 따라서 다음과 같이 나눌 수 있다.

베드 flower bed, 꽃밭

비교적 키가 작은 한해살이나 두해살이 초화류, 구근식물을 이용해서 만

드는 화단으로 봄에는 팬지(*Viola*), 크리핑데이지 '노스 폴'(*Chrysanthemum paludosum* 'North Pole'), 이베리스(*Iberis*), 튤립(*Tulipa*)을 주로 심고, 여름과 가을에는 페튜니아(*Petunia*)나 마리골드(*Tagetes*), 살비아(*Salvia*), 아게라툼(*Ageratum*), 백일홍(*Zinnia elegans*), 일일초(*Catharanthus roseus*) 등을 많이 이용한다.

베드도 심는 방식에 따라 리본화단과 문양화단으로 나눌 수 있다. 통로를 따라 가늘고 길게 만드는 화단을 리본화단이라 부른다. **리본화단**은 한 종류의 식물로 심되 여러 가지 꽃 색이 조화를 이룰 수 있게 하는 등 디자인을 단순하게 해서 보는 이로 하여금 경쾌함을 느낄 수 있게 해 준다. 단, 꽃 색이 너무 여러 가지가 되지 않게 해야 한다. 통로를 따라 걷는 사람들의 시선이 흐트러지지 않도록 편안함을 주는 것이 포인트다.

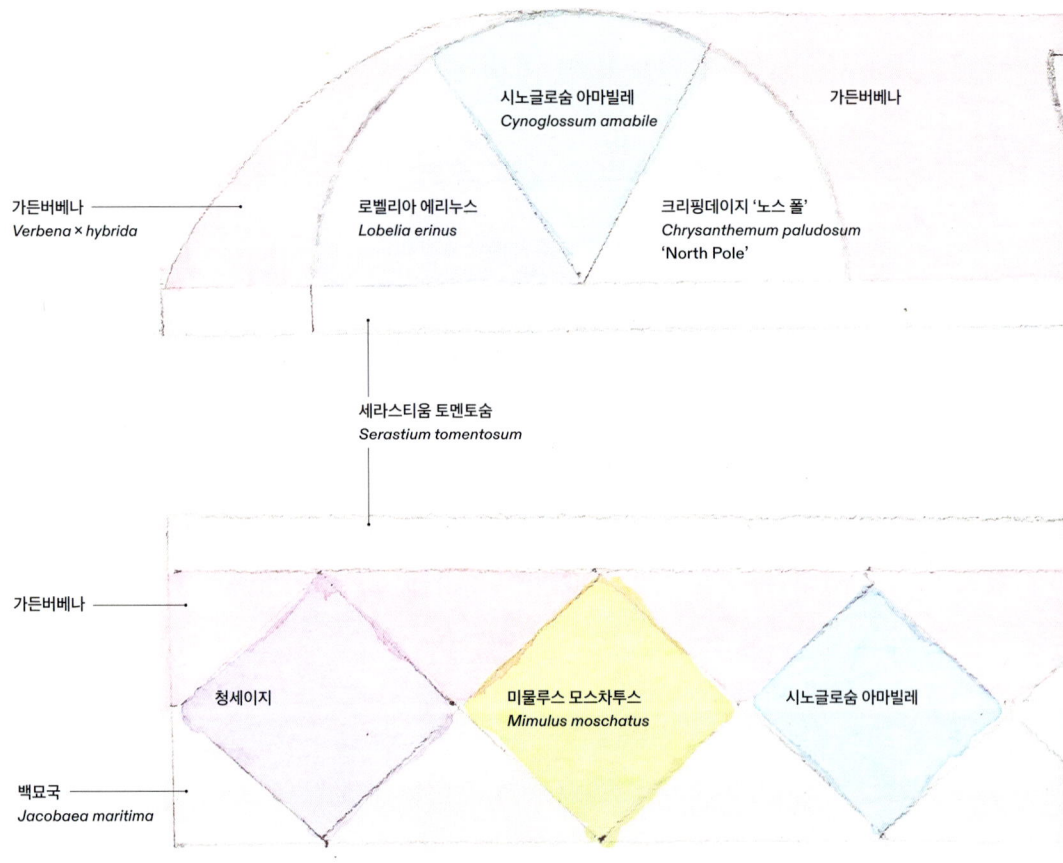

게이센여학원대학 전공 과정 때 설계한 리본화단(1995).

설계도면대로 완성한 리본화단 전경(1995).

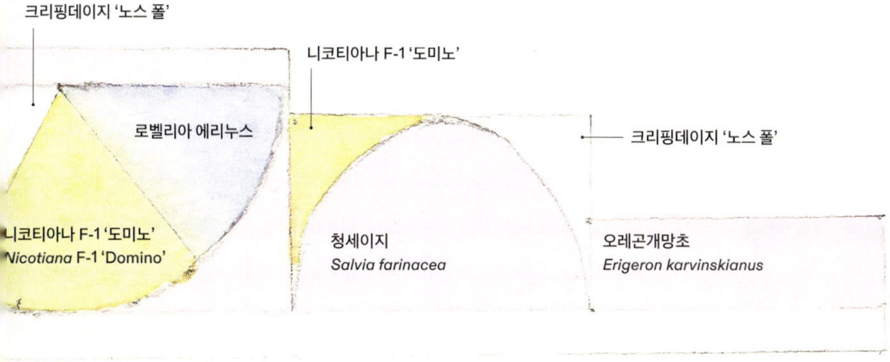

크리핑데이지 '노스 폴'

니코티아나 F-1 '도미노'

크리핑데이지 '노스 폴'

로벨리아 에리누스

니코티아나 F-1 '도미노'
Nicotiana F-1 'Domino'

청세이지
Salvia farinacea

오레곤개망초
Erigeron karvinskianus

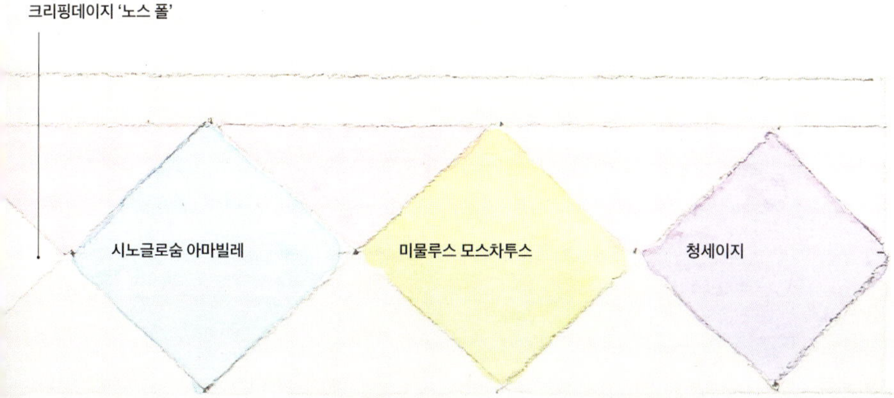

크리핑데이지 '노스 폴'

시노글로숨 아마빌레

미물루스 모스차투스

청세이지

문양화단은 원형이나 사각형 또는 물결 모양 등으로 디자인해서 일정한 면적을 꽃 피는 식물로 꽉 채워서 만드는 화단이다. 넓은 잔디밭 사이나 좁은 공간에 화단을 만들 때 효과적으로 이용할 수 있는 방법이다. 이때 식물을 심고 난 후에도 꾸준한 관리가 필요하다는 점을 잊지 말아야 한다. 늘 같은 모양을 유지해야 하는 것이 포인트다. 크기가 들쑥날쑥하면 화단 이미지가 산만해지고 모양이 흐트러질 수 있다.

그리 넓지 않은 면적에 식물로 마크와 문양을 만들어 적절하게 활용한 할로 카 가든(Harlow Carr Garden). 영국왕립원예협회(RHS) 마크를 본떠 만든 화단 (carpet bedding)이다.

주로 다육식물과 지피식물로 디자인한 위슬리 가든(Wisley Garden)의 문양화단.

봄 화단을 대표하는 팬지와 프리물라(*Primula*, 앵초속), 튤립 등의 꽃을 이용한 큐 가든(Kew Garden)의 문양화단. 빨간색, 노란색, 주황색에 이르기까지 화려한 색의 꽃으로 가득한 화단에 초록색 잔디가 있어 모든 색을 아우른다. 초록색은 자연의 바탕이 되는 기본 색으로 여러 꽃 각각의 개성이 잘 드러나게 해 주면서도 차분하게 모아 주는 역할을 한다.

보더가든 border garden

벽돌을 쌓아 만든 벽이나 산울타리를 배경으로 만드는 화단이다. 통로 측 한쪽 면에서만 감상하기 때문에 키가 큰 것을 뒤쪽에 심고, 앞쪽으로 점점 키가 작은 것을 심어서 입체감 있게 식물을 배치한다. 식물의 종류에 따라 한해살이·두해살이 보더와 여러해살이 보더로 나눌 수 있다. 17세기에 영국에서 시작된 화단으로 지금은 전 세계적으로 많은 사랑을 받고 있는 아주 흥미로운 화단이다.

여러해살이 보더가든 계획
게이센여학원대학에서 처음 설계해 본
가로 12미터 × 세로 1.5미터 크기의 보더가든 설계 도면 (1994).

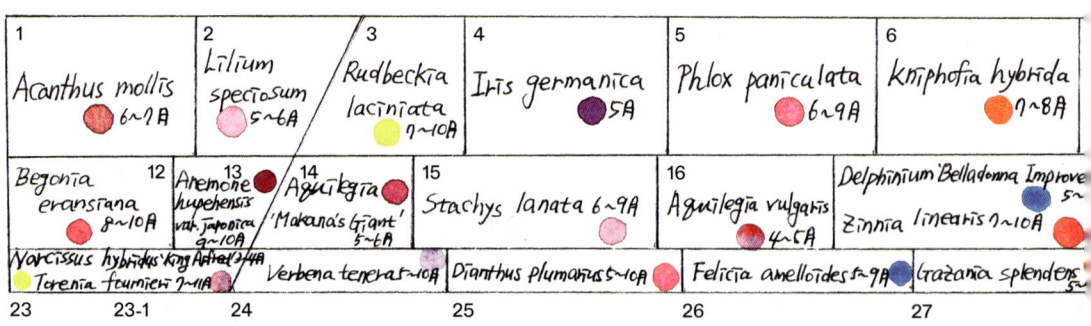

1	아칸투스 몰리스	18	페라르고니움 호르토룸
2	릴리움 스페시오숨(일본나리)	19	천일홍
3	삼잎국화	20	캄파눌라 메디움
4	독일붓꽃	21	큰비비추
5	풀협죽도	22	털뻐꾹나리
6	니포피아 히브리다	23	나르시수스 히브리두스 '킹 알프레드'
7	칸나 '아메리칸 레드 크로스'	23-1	토레니아 포우르니에리
8	개미취	24	버베나 테네라
9	크리산세뭄 프루테센스 크리사스테르	25	해변패랭이꽃
10	접시꽃	26	펠리시아 아멜로이데스
11	대상화	27	가자니아 스플렌덴스
12	큰베고니아	28	불로화
13	대상화	29	코레옵시스 '선 레이'
14	매발톱 '마카나스 자이언트'	30	가든버베나
15	스타키스 라나타	31	아네모네 코로나리아
16	새매발톱꽃	31-1	페튜니아
17	델피니움 '벨라돈나 임프로벨'	32	아주가
17-1	백일홍		

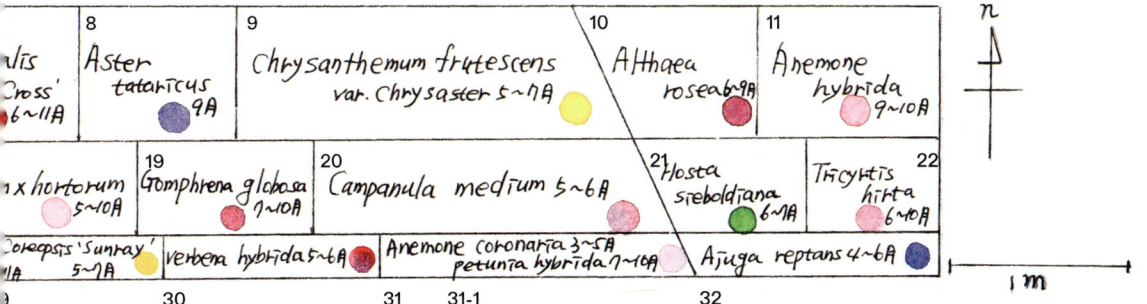

한 송이 꽃이 모여 정원이 되기까지

천리포수목원에서 설계하고 만든
가로 13.7미터 X 세로 2.5미터 크기의 보더가든 설계 도면.

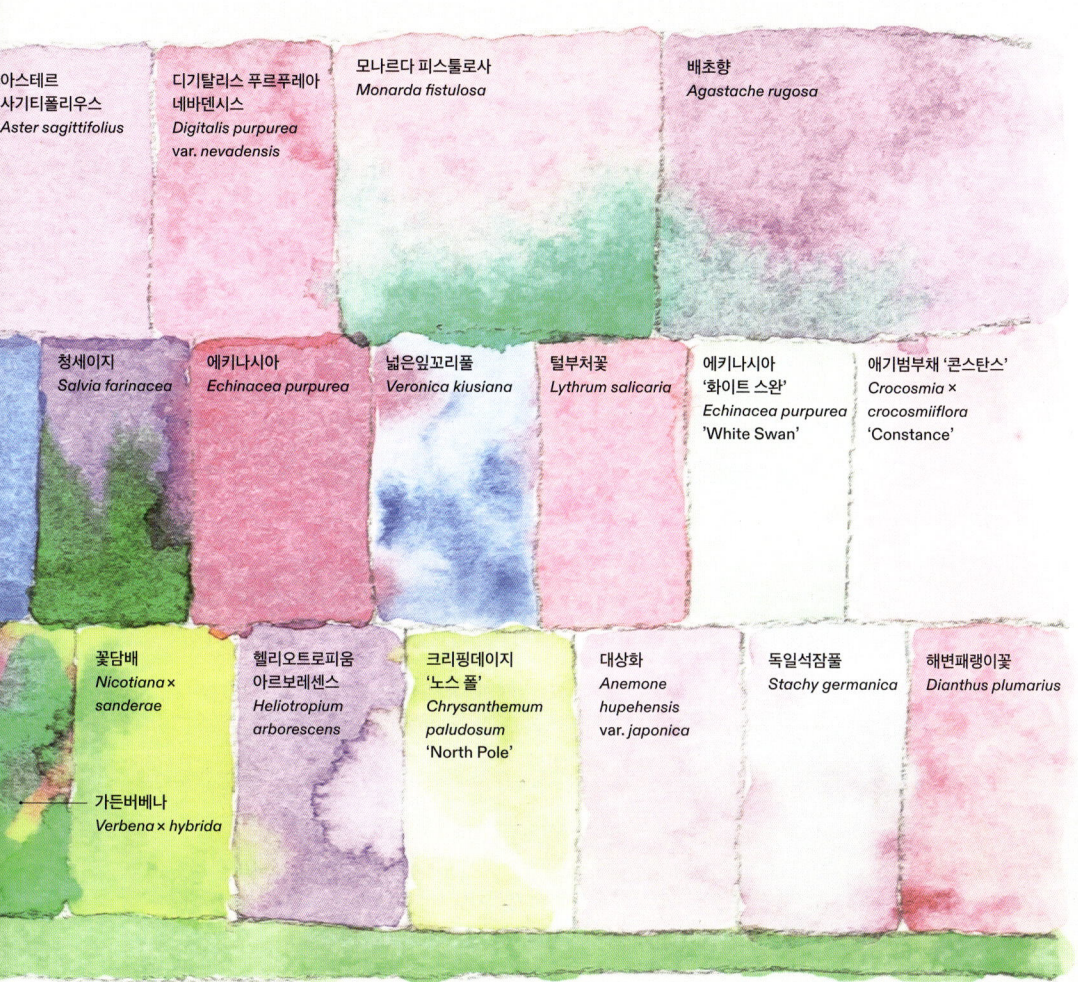

한 송이 꽃이 모여 정원이 되기까지

거침없는 느낌의 웅장한 보더가든이 여름을 상징하는
칸나(Canna)의 넓적한 갈색 잎을 배경으로 시원스럽게
펼쳐진다. 바닥에 깔린 검정에 가까운 붉은색이
깊이를 더하고, 그 사이로 드러난 초록색 잎들과
흰색·분홍색·보라색 꽃들이 밝고 환하게 안정감을 더한다.
사진은 할로 카 가든.

앞의 설계도면대로 식물 모종을 심어 완성한 천리포수목원 보더가든의 모습(2002). 이듬해 봄, 꽃이 화단 한가득 피어나고 있다. 화단 뒤쪽에 주목을 심어 산울타리를 만들었는데 아직 키가 작다. 몇 년 후면 철망으로 된 울타리가 보이지 않을 정도로 주목 울타리가 빽빽해질 것이다.

초록의 산울타리를 배경으로 주로 여러해살이풀이 약 3미터 정도 넓이의 화단에 식재되어 있다. 잔디밭을 경계로 앞쪽으로 키가 작은 것을 심고 뒤쪽으로 갈수록 점점 키가 큰 식물을 심어 모든 식물의 꽃이 한눈에 들어온다. 사진은 세인트 앤드류 보타닉 가든(St. Andrew Botanic Garden).

다양한 색채가 어우러지는 이 보더가든은 여러 종류의 식물이 피워 낸 꽃들이 강렬한 이미지를 선사한다. 주로 한해살이풀의 꽃들이 화단 앞쪽을 장식하고 중간부터 뒤쪽으로 갈수록 여러해살이풀들의 꽃이 보인다. 사진은 나이먼스 가든(Nymans Garden).

벽정원 wall garden

건물의 벽을 이용하거나 돌을 쌓으며 식물을 심는 정원을 말한다. 우리나라 자생식물인 큰꽃으아리(Clematis)나 인동덩굴 같은 넝쿨식물을 심어 벽이나 돌무더기를 타고 올라가게 하거나, 아이비(송악, Hedera)를 위에서 아래로 늘어뜨릴 수도 있다. 벽에 고리를 걸고 철사나 끈을 연결해서 덩굴이 감을 수 있도록 하거나, 벽에 걸 수 있는 화분(hanging basket)을 이용하는 것도 하나의 방법이다. 일조량이 부족한 영국에서는 건물 벽 앞에 유실수를 심어서 햇빛을 받아 뜨거워진 건물 벽의 열로 과일이 더 잘 자랄 수 있게 해준다. 멋진 응용력이다.

명자꽃 '필리스 무어'(Chaenomeles speciosa 'Phyllis Moore')를 유인해 벽을 아름답게 장식하고 있다. 꽃과 줄기가 회색 벽과 아주 잘 어울린다. 사진은 란하이드록 하우스 앤드 가든(Lanhydrock House and Garden).

영국의 정원사 거트루드 지킬이 설계한 벽정원이다. 산톨리나 카마이키파리수스(Santolina chamaecyparissus)와 오레곤개망초 등을 3미터가 넘어 보이는 회색 벽과 잘 어울리도록 조합해 장관을 연출했다. 사진은 헤스터콤 가든(Hestercombe Garden).

식물을 심은 작은 바구니를 벽에 걸어 벽면을 장식하고 있다. 행잉 바스켓을 이용해 비교적 간단하게 벽면을 꾸밀 수 있다. 사진은 위슬리 가든.

피어난 꽃들로 가득한 수직 벽면. 쌓아 올린 벽 뒤쪽으로는 식물이 뿌리를 내릴 수 있도록 흙이 채워져 있다. 돌을 한 칸 한 칸 쌓아 올릴 때 사이사이에 식물을 심어 나가면서 작업한다. 사진은 위슬리 가든.

영국 정원에서 많이 볼 수 있는 형태의 유실수 재배 방법이다. 일조량이 적어 나뭇가지들이 최대한 빛을 많이 받을 수 있도록 가지런하게 벽 쪽에 붙여서 유인한다. 사진은 러샴 하우스 앤드 가든스(Rousham House & Gardens).

암석정원 rock garden

돌과 돌 사이에 고산식물을 심어, 높은 산에서 자라는 식물들을 가까이에서 볼 수 있게 해 주는 정원이다. 암석정원은 최대한 고산지대의 토양과 가깝게 만들어 주어야 한다. 고산지대에서 자라는 식물을 선택해 바위나 돌과 잘 어울리도록 심는다. 이때 바위나 돌 아랫부분은 식물의 뿌리가 뻗어 갈 수 있는 은신처가 된다. 개인 집에서 만들 경우, 꼭 고산식물이나 바위를 이용할 필요는 없다. 작은 꽃이 피는 제비꽃류(*Viola*), 이베리스, 로벨리아 등의 작은 초화류를 돌 사이사이에 심어 관리하기 쉬운 암석정원을 연출하면 된다.

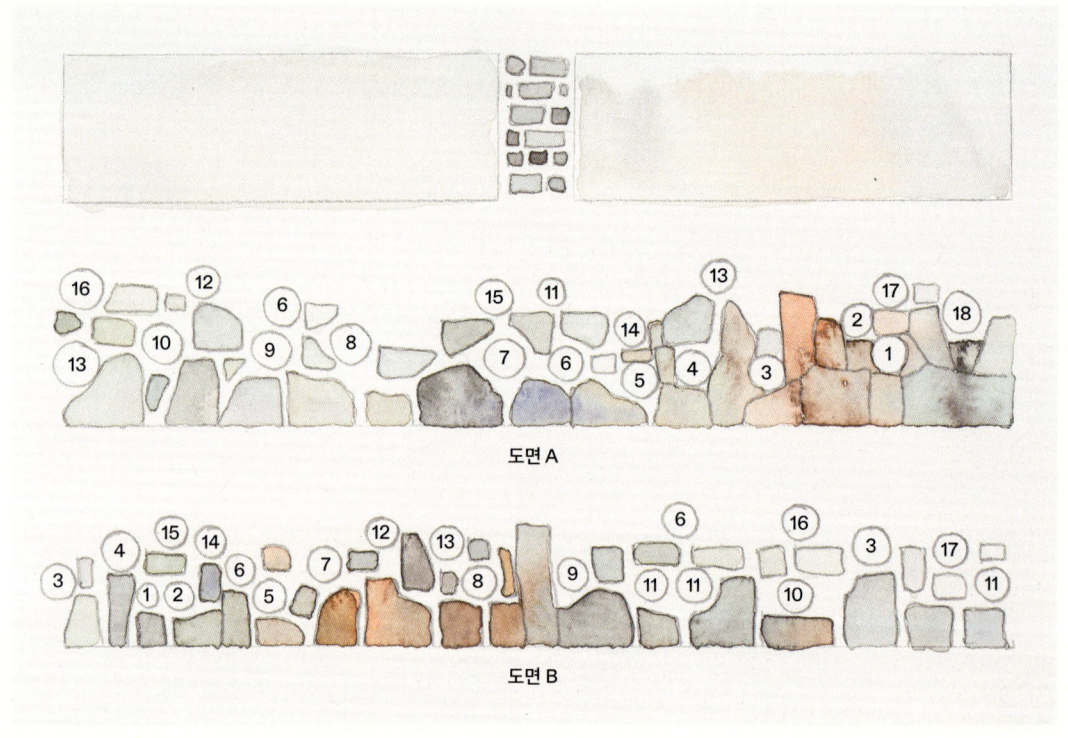

돌을 하나하나 쌓아 올리면서 만들어 가는 형태로 디자인한 천리포수목원 암석정원(2002).
우리 주변에서 볼 수 있는 돌담과 비슷한 모양으로 만들기 때문에
돌 뒤쪽으로 식물 뿌리가 뻗을 수 있도록 충분히 흙을 채워 넣어 주어야 한다.

	도면 A			도면 B
1	헤베 레쿠르바 *Hebe recurva*		1	바위솔 *Orostachys japonica*
2	아주가 '멀티컬러' *Ajuga reptans* 'Multicolor'		2	골무꽃 *Scutellaria indica*
3	세둠 스푸리움 *Sedum spurium*		3	카르투시아노룸패랭이꽃 *Dianthus carthusianorum*
4	암담초 *Erinus alpinus*		4	헬리안테뭄 누물라리움 *Helianthemum nummularium*
5	세둠 다시필룸 *Sedum dasyphyllum*		5	야시오네 라이비스 *Jasione laevis*
6	지면패랭이꽃 *Dianthus deltoides*		6	백두산떡쑥 *Antennaria dioica*
7	멘타 푸이에기움 *Mentha puiegium*		7	헤베 레쿠르바 *Hebe recurva*
8	흰꽃세둠 *Sedum album*		8	돌나물 *Sedum* sarmentosum
9	헬리안테뭄 크로케움 *Helianthemum croceum*		9	크리산테뭄 자와드스키 코레아눔 *Chrysanthemum zawadskii* ssp. *coreanum*
10	카르투시아노룸패랭이꽃 *Dianthus carthusianorum*		10	세둠 다시필룸 *Sedum dasyphyllum*
11	돌나물속 식물(세둠) *Sedum* sp.		11	아르메리아 엘롱가타 *Armeria elongata*
12	셈페르비붐 그란디플로룸 *Sempervivum grandiflorum*		12	아주가 '멀티컬러' *Ajuga reptans* 'Multicolor'
13	백두산떡쑥 *Antennaria dioica*		13	지면패랭이꽃 *Dianthus deltoides*
14	아에티오네마 그란디플로룸 *Aethionema grandiflorum*		14	패랭이꽃속 식물 (디안투스) *Dianthus* sp.
15	크리산테뭄 자와드스키 코레아눔 *Chrysanthemum zawadskii* ssp. *coreanum*		15	캄파눌라 가르가니카 *Campanula garganica*
16	새끼꿩의비름 *Sedum viviparum*		16	새끼꿩의비름 *Sedum viviparum*
17	서양백리향 *Thymus serpyllum*		17	유포르비아 미르시니테스 *Euphorbia myrsinites*
18	헬리안테뭄 누물라리움 *Helianthemum nummularium*			

책으로만 공부하다 처음으로 만들어 본 천리포수목원의
암석정원(2002). 완성된 후 5개월이 지난 모습이다.
만들기 전 단계에서 설계한 도면 대로 돌을 하나하나
쌓아 올리면서 식물을 심었다. 암석정원에 심은 식물들이
생각보다 더 강하고 튼튼하다는 사실을 알게 해 준
경험이었다.

큼지막한 돌과 다양한 고산식물이 오랜 세월 동안 함께 살아가고 있다. 산을 오르다 보면 볼 수 있는 계곡과 폭포를 연상시키는 풍경이다. 사진은 큐 가든.

내가 본 암석정원 중에 가장 아름답고 멋진 곳이다. 돌계단을 오를 때마다 보이는 식물들과 풍경이 다르고 곳곳에 키 작은 침엽수들이 자라고 있어 마치 높은 산 정상으로 다가가는 느낌을 받게 하는 매력적인 공간이다. 사진은 위슬리 가든.

구근정원 bulb garden

수선화(*Narcissus*)나 튤립, 무스카리(*Muscari,*), 히아신스(*Hyacinthus*) 등의 구근식물을 심어서 이른 봄 화단을 장식하거나, 백합(*Lilium*) 또는 다알리아(*Dahlia*) 등을 심어 여름부터 가을까지 화단을 풍성하게 만들어 주기 위해 조성한다. 구근정원이 많은 사랑을 받는 이유는 이른 봄 여타 식물의 꽃들이 피기 전에 소리 없이 먼저 꽃을 피우기 때문이다. 게다가 여름부터 가을에 걸쳐 꽃을 피우는 구근식물은 한여름부터 초기 을까지 더운 날씨에도 꿋꿋하게 화단을 지켜 준다는 매력이 있다. 특히 한 해를 시작하는 봄에 눈 깜짝할 사이에 올라오는 수선화와 튤립은 모든 이의 사랑을 독차지한다.

튤립의 빨간색 꽃이 이렇게 아름답게 빛날 수 있는 이유는 그 아래에 식재한 프리물라와 초록색 잔디밭 덕분일 것이다. 한 장소에 두 가지 식물을 심어야 하는 번거로움이 있기는 하지만 흙이 드러나지 않아서 느낄 수 있는 아름다움은 그 번거로움을 잊게 한다. 사진은 위슬리 가든.

분홍색에서 진한 보라색에 이르기까지 비슷한 색상의 튤립꽃들이 물결을 이루며 안정감과 화사함을 더한다. 튤립 아래로 식재된 프리뮬라와 팬지는 분홍색 튤립꽃은 더욱 밝게, 진보라색 튤립꽃은 더욱 차분한 느낌으로 만들어 주어 보는 이로 하여금 편안함을 느끼게 한다. 사진은 큐 가든.

튤립으로만 꽉 채운 정원인 만큼 색상도 강렬하고 멋지다. 사진은 위슬리 가든.

봄을 대표하는 수선화와 그 위로 피어나는 분홍색 동백꽃이 상큼한 조화를 이루고 있다. 사진은 위슬리 가든.

컨테이너가든 container garden

식물을 심을 수 있는 용기나 질그릇, 혹은 화분이나 컨테이너 상자 모양의 가늘고 긴 화분에 식물을 심어 만드는 정원을 컨테이너 가든이라 부른다. 장소와 화분의 종류에 따라 한 개를 놓기도 하고, 여러 개를 모아서 마치 화단처럼 보이게 하는 방법도 있다. 컨테이너 가든의 가장 큰 장점은 여기 저기 옮길 수 있다는 것이고, 가장 큰 단점은 물을 매일매일 주어야 한다는 것이다. 이 둘의 장단점을 잘 이용하던 특별하면서도 멋진 정원을 즐길 수 있다.

다양한 크기의 화분에 여러 식물을 심어 화분으로만 이루어진 정원을 만들었다. 한해살이풀, 두해살이풀, 여러해살이풀, 다육식물에 이르기까지, 다양한 식물이 조화를 이루는, 아이디어가 빛나는 정원이다. 사진은 그레이트 딕스터(Great Dixter).

오랜 세월이 느껴지는 이끼 낀 화분과 아가판서스(*Agapanthus*), 다알리아, 제라늄(*Geranium*)이 함께 어우러져 풍성한 느낌을 낸다. 뭐라 말할 수 없는 매력을 뽐내며 시선을 사로잡는 모습이다. 사진은 베닝브로 홀 앤드 가든스(Beningbrough Hall & Gardens).

직경이 1미터는 되어 보이는 갈색 화분에 꽃들이 가득 피어났다. 버베나(*Verbena*)의 빨간색 꽃과 펜스테몬(*Penstemon*)의 분홍색 꽃, 가늘고 섬세한 은색 잎들이 어떤 화단보다 화려하고 멋지게 정원의 한 공간을 가득 메우고 있다. 사진은 하드윅 홀 가든(Hardwick Hall Garden).

돌을 깎아 만든 것 같은 회색 화분이 노란색과 보라색 꽃이 이루는 대조를 조화롭게 흡수하고 있다. 사진은 틴틴헐 가든(Tintinhull Garden).

한 송이 꽃이 모여 정원이 되기까지

허브가든 herb garden

식물체의 일부가 약용으로 쓰이는 모든 식물을 통틀어서 부르는 말인 허브는 약용의 가치를 뛰어 넘어 꽃도 예쁘고 향기가 좋아서 자꾸 마음이 가는 식물이다. 허브의 종류는 셀 수 없이 많지만 일상생활에서 이용할 수 있는 민트(*Mentha*)나 타임(*Thymus*), 회향(*Foeniculum vulgare*), 레몬밤(*Melissa officinalis*), 오레가노(*Origanum vulgare*) 등을 가까이 심어 두면 삶의 질이 한층 높아진다. 각자의 취향에 맞는 허브를 모아 자기만의 허브정원을 만들어 보자.

#	이름	#	이름
1	바늘유카 '갈란즈 골드' *Yucca flaccida* 'Garlands Gold'	24	버들마편초 *Verbena bonariensis*
2	서양고추나물 *Hypericum perforatum*	25	살비아 미크로필라 *Salvia microphylla*
3	아주가 *Ajuga reptans*	27	리아트리스 스피카타 *Liatris spicata*
4	비비추 '프랜시스 윌리엄스' *Hosta* 'Frances Williams'	28	북방푸른꽃창포 *Iris versicolor*
5	새매발톱꽃 *Aquilegia vulgaris*	29	베르바스쿰 니그룸 *Verbascum nigrum*
6	태청숫잔대 *Lobelia siphilitica*	30	샤스타데이지 *Leucanthemum × superbum*
7	오레가노 *Origanum vulgare*	31	모나르다 피스툴로사 *Monarda fistulosa*
8	캄파눌라 로툰디폴리아 *Campanula rotundifolia*	32	느릅터리풀 *Filipendula ulmaria*
9	니겔라 *Nigella damascena*	33	모스카타접시꽃 *Malva moschata*
10	레몬타임 *Thymus × citriodorus*	34	디기탈리스 *Digitalis purpurea*
11	프리물라 베리스 *Primula veris*	35	헬리오트로피움 *Heliotropium arborescens*
12	애플민트 *Mentha suaveolens*	36	프렌치라벤더 *Lavandula stoechas*
13	루 *Ruta graveolens*	37	파랑배초향 *Agastache foeniculum*
14	산톨리나 카마이키파리수스 *Santolina chamaecyparissus*	38	파인애플세이지 *Salvia elegans*
15	로즈마리 *Rosmarinus officinalis*	39	코레옵시스 기간테아 *Coreopsis gigantea*
16	한련화 *Tropaeolum majus*	40	레몬밤 *Melissa officinalis*
17	레몬버베나 *Aloysia triphylla*	41	털부처꽃 *Lythrum salicaria*
18	버베나 테네라 *Verbena tenera*	42	살비아 '푸르푸라센스' *Salvia officinalis* 'Purpurascens'
19	청세이지 *Salvia farinacea*	43	목향 *Inula helenium*
20	앙구스티폴리아에키나시아 *Echinacea angustifolia*	44	푸른루피너스 *Lupinus polyphyllus*
21	피뿌리쥐손이 *Geranium sanguineum*	45	바질 *Ocimum basilicum*
22	등골짚신나물 *Agrimonia eupatoria*	46	애기똥풀 *Chelidonium majus* var. *asiaticum*
23	크리핑데이지 '노스 폴' *Chrysanthemum paludosum* 'North pole'		

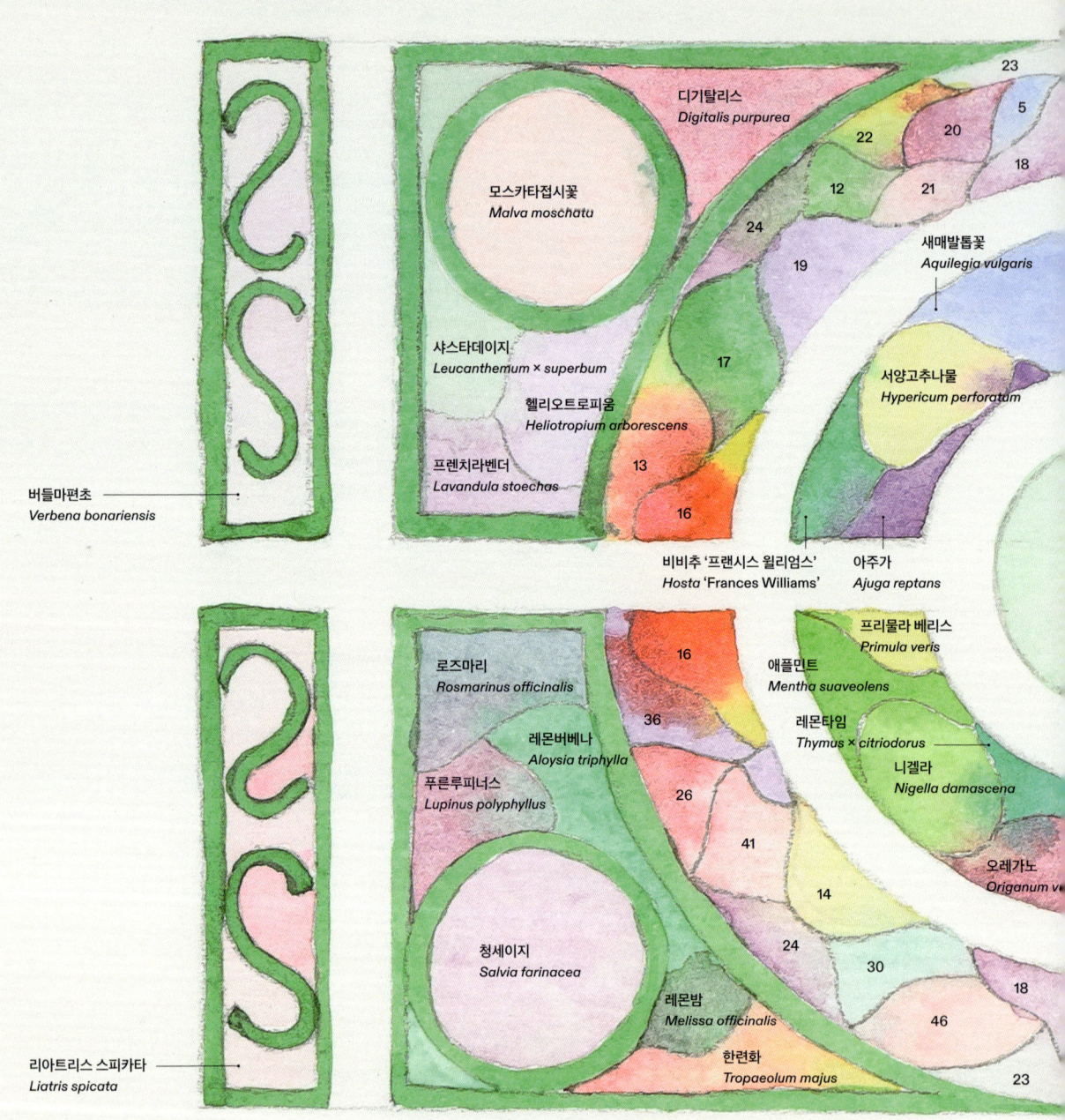

허브정원을 설계하는 일은 늘 설레고 마음을 들뜨게 한다.
마치 애플민트와 레몬밤을 같이 넣고 우려낸 차의 향 같다고 해야 할까!
천리포수목원 곳곳에 있는 허브를 찾아내고 한자리에 모으는 일 또한 재미있고 즐거웠다 (2001).

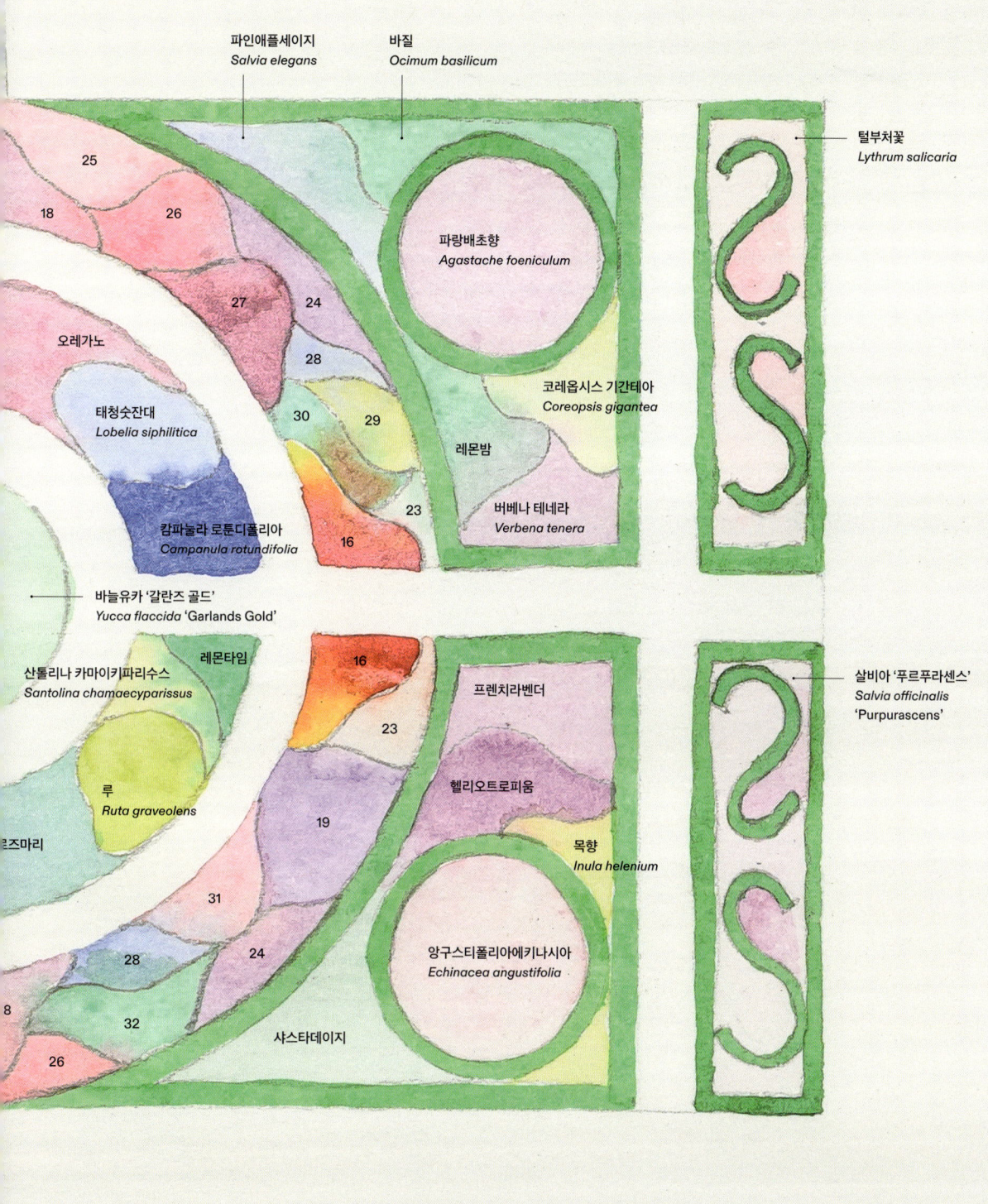

설계도면대로 통로에 벽돌이 깔리고, 겨울에도 초록색 식물을 볼 수 있도록 심은 좀회양목(*Buxus microphylla*)이 자리잡으며 천리포수목원 허브정원이 완성되어 가고 있는 모습. 봄이 되면 빈자리에 허브로 가득 찰 허브정원을 기대하며 설레었다(2001). 지금은 억새원으로 바뀌어 장관을 이루고 있다(2025).

에키나시아(*Echinacea*)의 뿌리는 항생작용, 염증 치료, 발열이나 감염증 치료에 뛰어난 효과가 있다. 꽃도 예뻐서 허브정원뿐만 아니라 다른 정원에서도 많이 이용하고 있는 식물이다. 올망졸망 연분홍색 꽃을 피우는 오레가노(*Origanum*)는 피자 소스나 카레를 만들 때 빼놓을 수 없는 재료이기도 하지만, 꽃도 예뻐서 에키나시아와 마찬가지로 다른 정원에서도 많이 볼 수 있다. 사진은 풀무학교 전공부.

식물체의 일부를 식용이나 약용으로 이용하는 모든 식물을 우리는 '허브'라 부른다. 넓적한 잎을 가진 사진 속 식물은 루바브(대황, *Rhybarb rhabarbarum*)라는 채소로 중국 북부 산지가 원산이다. 해열, 변비, 소화장애, 생리불순 등에 효과가 있어 허브정원에서도 함께 키운다. 줄기를 잘라 잼을 만들면 새콤달콤한 맛이 나서 빵에 발라 먹으면 좋고, 요구르트와 같이 먹으면 산미가 더욱 좋아진다. 길쭉한 토분은 추운 겨울 루바브를 보온하기 위해 포기 부분을 덮어 놓는 데 사용한다. 사진은 웨스트 딘 가든(West Dean Garden).

텃밭정원 kitchen garden

우리가 일상적으로 먹고 있는 채소는 가만히 들여다보면 그 어떤 식물보다 잎이나 열매의 모양이 다양하고 색깔도 다채롭다. 각각의 채소가 가진 매력을 잘 살려 디자인하면 누구에게나 친숙하면서도 특별한 텃밭정원을 만들 수 있다. 아주 작은 공간만 있어도 만들 수 있으며 채소와 채소 또는 채소와 초화류, 허브 등을 섞어짓기하면서 유기농으로 건강하게 채소를 키울 수 있는 방법을 찾아가는 재미도 맛볼 수 있다. 텃밭정원은 내가 키운 채소로 식탁을 채울 수 있는 멋진 경험을 할 수 있도록 이끌어 줄 것이다.

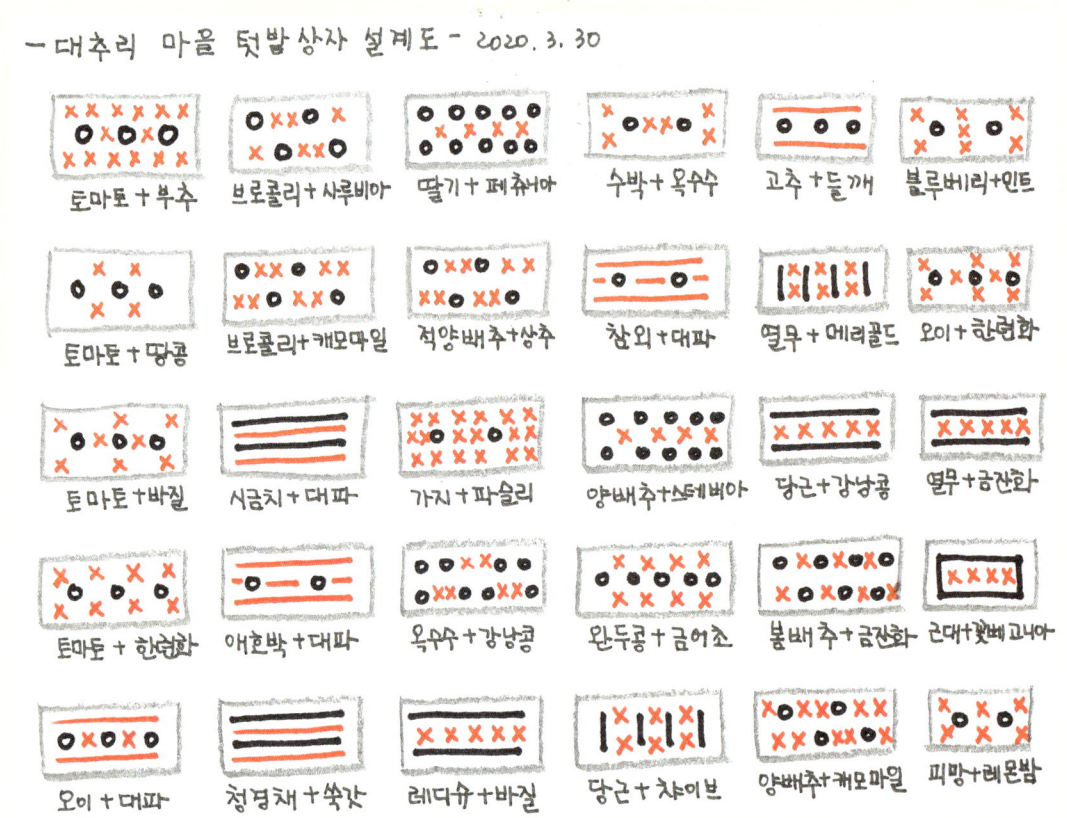

2020년 봄. 미군기지가 들어서면서 거처를 옮겨야 했던 경기도 평택시 대추리 마을 어르신들과 마을 활성화 사업의 일환으로 텃밭정원을 설계하는 수업을 진행했다.
어르신들이 어떻게 하면 쉽게 알아볼 수 있을까 생각한 끝에 그린 설계 도면이다.

봄에 설계한 도면과 같이 텃밭상자를 만들고 채소와 채소 또는 채소와 초화류를 같이 섞어 심었다. 사진은 6월 27일의 모습으로, 맨 앞 텃밭상자에 심은 완두콩은 이미 수확이 끝나 금어초(*Antirrhinum majus*)만 남아 있는 상태이고, 다른 상자 속 채소들은 무성하게 자라며 여름을 나고 있다(2020).

구불구불 넓적한 잎의 양배추와 연두색 진보라색 상추가 잘 어울린다. 이 둘은 보기에도 좋지만 상추는 양배추에 찾아오는 도둑나방이나 배추흰나비를 퇴치해 주고, 양배추는 상추가 잘 자랄 수 있도록 돕는다. 웨스트 딘 가든.

진딧물 예방에 도움이 되는 한련화와 브로콜리 그리고 근대와 적근대(swiss chard)가 함께 어우러지며 텃밭정원에 화사함을 더한다. 같은 면적의 텃밭에 같은 종류의 채소를 심을 예정이라면 서로에게 도움이 되는 채소를 정하고 채소 잎이 가진 색깔을 고려해 디자인하면 보다 멋진 텃밭정원을 만들 수 있다. 사진은 풀무학교 전공부.

연못정원 water garden

모든 생명의 근원인 물이 있는 연못만큼 다양한 생명체가 사는 곳도 없을 것이다. 연못정원을 만들 때는 물을 좋아하거나 물기가 있는 곳을 좋아하는 식물을 골라 디자인해야 한다. 물을 좋아하는 붓꽃(*Iris*) 종류나 동의나물(*Caltha*), 삼백초(*Saururus*), 부들(*Typha*) 등을 조화롭게 심어 보자.

모든 정원 만들기가 다 그렇지만 특히 연못정원을 만드는 일은 더 세심하게 해야 한다.
원래 물이 고이지 않는 곳에 연못을 만들려면 자연 생태계에서 볼 수 있는 모든 조건을 다 갖추어야 하기 때문이다.
우선 물가에서 잘 자라는 나무를 고르고, 다음으로는 그 아래서 자라는 초화류를 배치한다.
그리고 연못 속이나 가장자리 또는 물 위에 떠다니며 사는 수생식물 등을 골라 적절한 위치에 심는다.
사진은 천리포수목원 연못정원 도면(2001).

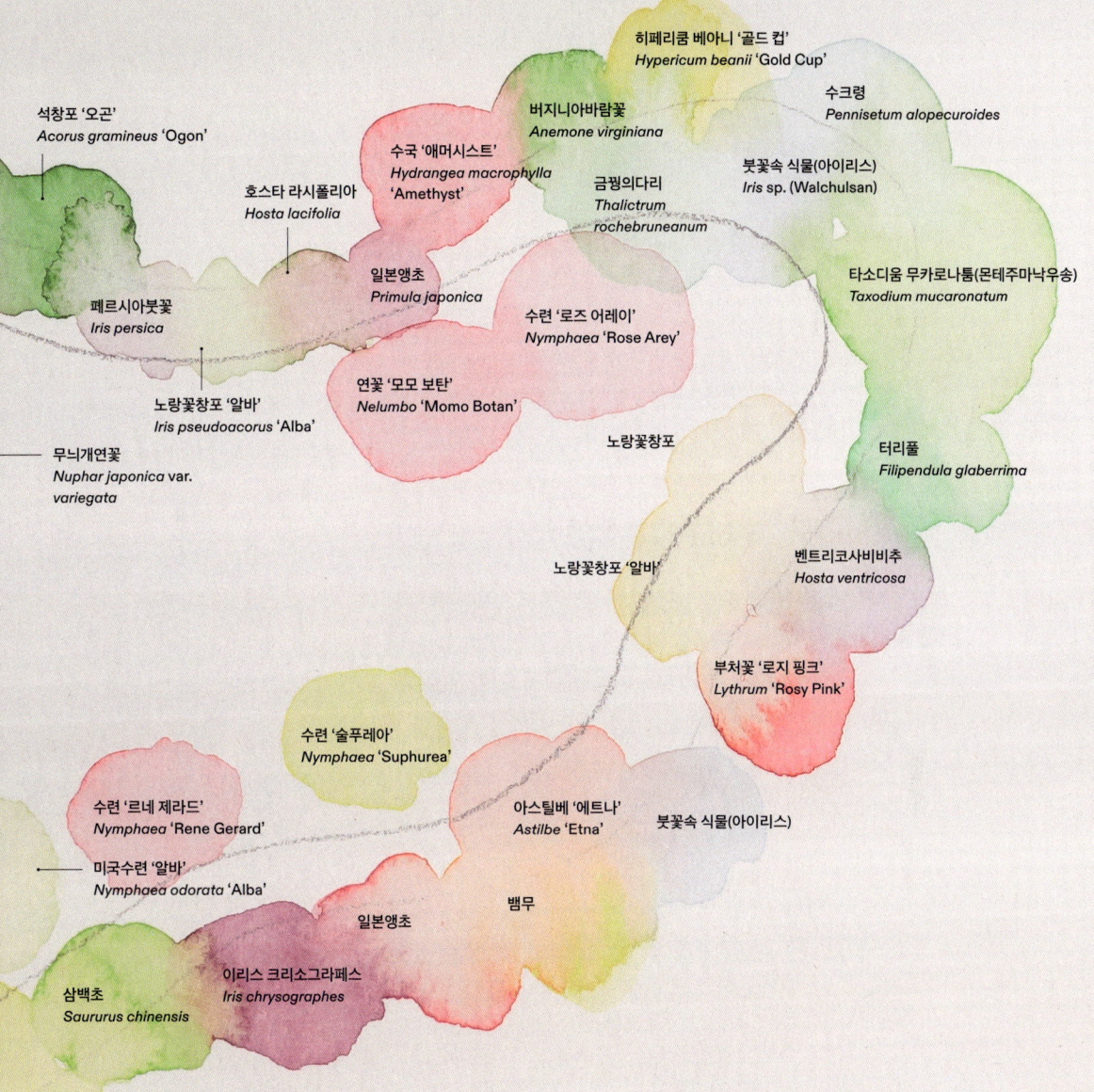

앞의 설계도면 대로 완성한 연못. 한여름의 연못 가장자리를 화사하게 장식하는 털부처꽃(*Lythrum salicaria*)과 수국(*Hydrangea*), 아네모네(*Anemone*). 그리고 연못 안쪽에서는 큰 고무 대야에 심어 물속에 넣어 둔 수련(*Nymphaea*)이 한껏 잎을 펼치고 있다. 몇 해 지나지 않아 연못 주변은 물을 좋아하는 식물들로 가득 차면서 많은 생물의 서식처가 될 것이다. 사진은 천리포수목원(2002)

비교적 작은 연못이지만 물을 좋아하는 부들(*Typha orientalis*)이나 고비(*Osmunda regalis*), 붓꽃(*Iris*) 등 여러 종류의 식물이 눈에 들어온다. 특별한 점이 있다면 나무토막으로 경계를 만들어 식물이 연못 안쪽으로 뻗어나가지 못하게 막았다는 것이다. 덕분에 식물 관리가 편리해졌다. 사진은 웨이크허스트 플레이스 가든(Wakehust Place Garden).

영국 연못정원에서 많이 볼 수 있는 왕관고비(royall fern, *Osmunda regalis*) 아래로 중후한 멋을 풍기는 커다란 잎이 매력적인 천남성과 식물 리시키톤 아메리카누스(*Lysichiton americanus*)가 자리한 모습이다. 왕관고비는 고사리의 일종으로 물가에서 잘 자란다. 잎이 펴지기 전의 모습도 환상적이지만 잎을 다 펼친 여름과 갈색으로 물들어 가는 가을에도 참 좋다. 사진은 새빌 가든(Savill Garden).

그라스가든 grass garden

우리에게 익숙한 갈대, 억새, 수크령 같은 식물들이 모여 이룬 화단을 그라스정원이라고 부른다. 다른 정원에 비해 역사가 깊지는 않지만, 최근 들어 우리나라를 비롯해 외국에서 많은 사랑을 받고 있다. 처음 접했을 때는 조금 낯설기도 하지만 잘 들여다보면 우리나라 들판에서도 흔히 볼 수 있는 벼과·사초과 식물들이 주를 이루기 때문에 의외로 금방 친숙해진다. 화려하지는 않지만 부드럽고 보송보송한 느낌의 꽃이 보는 이로 하여금 편안함을 느끼게 한다.

가운데 부분에 두루뭉술하게 자리 잡은 팜파스그래스(Cortaderia selloana)를 중심으로 억새와 비슷한 모양의 그라스들이 층을 이루며 화사하게 흔들리고 있다. 그라스정원의 하이라이트는 꽃이 지고 난 후 드러나는 갈색의 아름다움이다. 사진은 위슬리 가든.

여러해살이 초화류와 조화를 이루며 특별한 장면을 연출하고 있는 그라스정원. 그라스 종류만 모아서 정원을 만들기도 하지만 다양한 꽃이 피는 식물과 함께 심어도 그 색감과 하늘거림이 환상적인 조화를 이룬다. 사진은 베리 코트(Bury Court).

숲정원 woodland garden

숲정원에는 소나무나 참나무처럼 키가 큰 나무들(교목)이 자라고 그 아래로 단풍나무(소교목), 화살나무·진달래·산철쭉처럼 꽃이 피는 키 작은 나무들(관목)이 자란다. 키 작은 나무들 아래로는 금낭화(*Lamprocapnos*), 둥굴레(*Polygonatum*), 은방울꽃(*Convallaria*) 같은 초본류와 고사리 등이 군락을 이루며 숲정원이 된다. 사람이 굳이 손을 대지 않아도 자연은 그렇게 자기만의 방식으로 완벽한 정원의 모습을 갖추어 나간다. 그 모습이 보기 좋아 나의 정원으로 초대하고 싶으면 몇 번이고 숲으로 가서 관찰을 반복하다 보면 해답을 찾을 수 있을 것이다.

커다란 참나무 아래로 만병초(*Rhododendron*)가 군락을 이루고, 보다 낮은 곳에서는 그늘에서 잘 자라는 물망초(*Myosotis*), 둥굴레, 프리물라 등의 다양한 초화류가 서서히 꽃을 피우고 있다. 이처럼 차분하면서도 은은한 매력이 저절로 느껴지는 곳이 바로 숲정원이다. 사진은 새빛 가든.

좁다란 오솔길을 따라 걷고 싶은 마음이 들게 하는 사진 속 장소는 누군가의 손으로 만들고 가꾼 숲정원이다. 흰색과 분홍색 꽃을 피우는 식물들이 주를 이루고, 그 사이로 깊숙이 자리 잡은 파란색과 자줏빛 꽃을 피우는 식물들의 조합이 환상적이다. 사진은 새빛 가든.

자연주의 정원 식재의 새로운 지평을 열고 있는 네덜란드 출신의 정원디자이너 피트 아우돌프(Piet Oudolf)가 설계하고 만든 그라스 가든이다. 파란 잔디밭을 배경으로 평온한 들판을 향해 양쪽으로 뻗어 나간다. 봄부터 겨울까지 아름다운 꽃과 잎을 선사한 그라스는 한 해를 시작하는 2월, 시든 잎을 단정하게 정리하고 새싹이 나오기를 기다리고 있다. 사진은 위슬리 가든.

숲정원을 대표하는 만병초(Rhododendron)가 초록 숲에 분홍빛 구름을 드리우고 진분홍색 산철쭉꽃이 온 시선을 사로잡는다. 나무 아래에 있는 듯 없는 듯 자리 잡은 수선화와 옥잠화(Hosta)는 꽃을 피우기 위해 한창 준비중이다. 꽃도 있고, 풀도 있고, 나무도 있는 숲정원이 궁금해지면서 입구부터 마음은 이미 숲을 향하고 있다. 사진은 새빌 가든.

정원 만들 곳의 환경 조건을 살핀다

식물이 자랄 곳의 환경은 어떤가

날씨가 어떤지 알아본다

화단의 기본 개념을 이해하고 마음에 드는 화단의 종류가 떠올랐으면, 화단을 만들려는 곳의 환경 조건을 체크해 보아야 한다. 그래야 기후에 맞는 식물을 선택할 수 있고 원하는 곳에 원하는 식물을 심을 수 있다.

우선 내가 사는 지역의 기후를 먼저 알아보아야 한다. 식물에 따라서 여름 더위나 겨울 추위에 잘 견디는 종류가 있는가 하면, 그렇지 않은 종류도 있다. 그래서 내가 사는 지역의 최저기온이나 최고기온, 여름 장마는 얼마나 길고 습한 정도는 어떤지 등에 따라 선택할 수 있는 식물이 많이 달라지기도 한다.

예를 들어 램스이어(*Stachys byzantina*)라는 여러해살이풀을 살펴보자. 잎은 양의 귀처럼 하얀 털로 덮여 있고, 주변을 환하게 밝혀 주는 듯한 분홍색 꽃이 아주 우아한 식물이다. 누구나 한번 보면 반할 수밖에 없는 매력적인 모습이다. 하지만 이 식물은 우리나라의 여름 장마가 가져오는 습기와 오랫동안 계속되는 흐린 날씨를 이기지 못하고 금방 시들해진다. 물론 '마른' 장마가 찾아오면 더 오랫동안 꽃을 볼 수 있기는 하다. 이렇게 뚜렷한 단점이 있어 정원에 심을지 말지 선택해야 하는 순간이 온다. 자태가 너무 우아하고 잎에 난 보송보송한 털이 부드러워서 꼭 화단 한쪽에 넣고 싶기는 하지만, 장마가 끝날 무렵인 7월 중순이 되면 잎이 갈색으로 변하면서 볼품없는 모습이 되어 버리기 때문이다. 더군다나 여러해살이라 캐서 다른 곳으로 옮기기에도 잎이 많고, 옮긴 후에도 몸살이 많이 나기 때문에 안쓰럽기까지 하다.

이처럼 램스이어를 본 사람이라면 누구나 화단에 심어 보고 싶다는 생각을 하게 되지만, 실제로 내가 사는 지역 날씨에 적합한지는 진지하게 따져 보아야 한다.

식물 전체가 부드러운 흰색 털로 덮여 있고 분홍색 꽃이 피는 램스이어는 꽃대가 올라오면 우아함 그 자체다. 사진은 풀무학교 전공부.

우리나라의 여름 장마를 겪으며 잎이 일부 녹아 버린 램스이어. 다시 회복하기까지는 오랜 시간이 걸린다. 사진은 풀무학교 전공부.

또 하나의 예로 허브 중에 잎에서 레몬향이 나는 레몬버베나(*Aloysia triphylla*)라는 여러해살이풀이 있다. 초본이지만 작은 나무처럼 자라는 식물이다. 이 식물은 예전 같으면 중부 지방에서는 겨울을 나기가 힘들었지만, 지금은 지구 온난화로 간단한 보온만 해 주면 밖에서도 겨울을 날 수 있어 비교적 관리가 쉬워졌다.

하루 동안 해가 얼마나 들어오는지 현장에서 파악한다

내가 사는 지역의 기후가 파악되었으면 다음으로는 정원이 만들어질 곳에 해가 어느 정도 드는지를 알아보아야 한다. 다시 말해 그늘이 어느 정도 드리우는지를 알아야 하는 것이다. 오랜 경험 끝에 터득한 방법은 하루에 여러 차례 화단 만들 곳에 가서 시간대별로 해가 언제 들어오고 들어오지 않는지를 관찰하는 것이다. 식물에게 일조량은 매우 중요하기 때문에 대략의 짐작으로는 알 수 없는 부분이 생긴다. 귀찮더라도 하루에 최소한 서너 번은 현장에 가서 눈으로 확인해야 확실하다. 어떤 경우에는 식물 한 포기가 만드는 그늘 때문에 꽃이 늦게 피기도 하고 겨울에 얼어 죽기도 한다. 반대로 음지에서 잘 자라는 식물 같은 경우에는 한 포기가 만드는 그늘 덕에 더운 여름을 견딜 수 있는 힘을 얻기도 한다. 화단을 만들 장소가 집과 가까운 곳에 있다면 건물이나 담, 울타리 또는 옆집 건물 때문에 생기는 그늘은 없는지 등도 꼼꼼하게 살필 필요가 있다. 미세하고 세심한 관찰은 필수다.

토양 상태를 점검한다

'정원 만들기의 시작은 흙'이라는 말이 있다. 농사지을 때 주로 하는 말이지만, 정원 만들 때도 마찬가지다.

새로 집을 짓고 만든 정원이라면, 포클레인 같은 큰 장비들의 바퀴에 눌려 땅이 엄청 딱딱하게 변해 버렸을 것이다. 흙을 손으로 만져 보고 물 빠짐은 어떨지 파악해 볼 필요가 있다. 원래부터 밭이었던 곳이 아니라면 흙 대부분이 마사토일 확률이 높다. 집이나 건물을 짓는 과정에서 흙이 필요할 경우 복토(覆土, 흙을 덮음)를 하게 되는데, 그때 덤프트럭으로 실어 오는

줄기를 짧게 자르고 월동 준비를 마친 레몬버베나. 부직포와 비닐만으로도 겨울을 잘 날 수 있게 되었다. 사진은 꿈이 자라는 뜰.

동쪽에 위치한 건물 때문에 아침 해가 뜨면서 보더가든을 만들 곳에 그늘을 드리우고 있다. 하지만 화단에 초화류를 심게 되는 4월 초가 되면 오전 9시쯤에는 해가 정원 위로 지나가면서 정원 전체에 그늘이 전혀 생기지 않아 식물이 자라는 데 필요한 빛의 양은 충분하다. 사진은 풀무학교 전공부.

토양산도를 알아보려면 지역마다 있는 농업기술센터를 찾아가 채취한 흙을 주고 의뢰하면 된다. 주소가 그 지역으로 되어 있으면 무상으로 검사를 해 준다.

흙이 마사토이기 때문이다.

마사토는 산을 깎을 때 나오는 표토층과 바위층 사이에 있는 흙으로, 양분과 유기물이 거의 없어서 물 빠짐도 나쁜 편이다. 이를 개선하기 위해 우선 배수로를 잘 만들고, 흙에는 부엽토 같은 유기물을 정기적으로 넣어 주면서 차차 흙이 바뀌도록 도와주어야 한다. 1년에 두 번 넣어 주면 좋다. 봄과 가을에 식물을 심을 때, 식물을 심기 위해 땅을 파낼 때, 저절로 땅속으로 들어가도록 해 주면 삽으로 뒤집는 일을 한 번 줄일 수 있다. 이때 퇴비도 함께 넣어 주면 효과적이다. 이 작업은 마사토가 아닌 일반 흙에도 꼭 필요하다.

토질이 어떤 상태인지 알았으면, 다음으로 토양산도(PH)를 측정한다. 특별한 몇 가지 식물(예를 들어 블루베리는 산성 토양에서 잘 자란다)을 제외한 식물 대부분은 중성 토양(PH6~7 전후)을 좋아하기 때문에 토양검사를 해서 산도를 맞추어 준다. 보통 산도를 맞추기 위해 유기물과 함께 쌀겨, 나뭇재, 석회 등을 넣어 준다. 석회를 주면 석회의 주성분인 칼슘이 흙 알갱이에 붙어 있는 수소를 떼어 내기 때문에 산성 토양이 알칼리성으로 바뀐다.

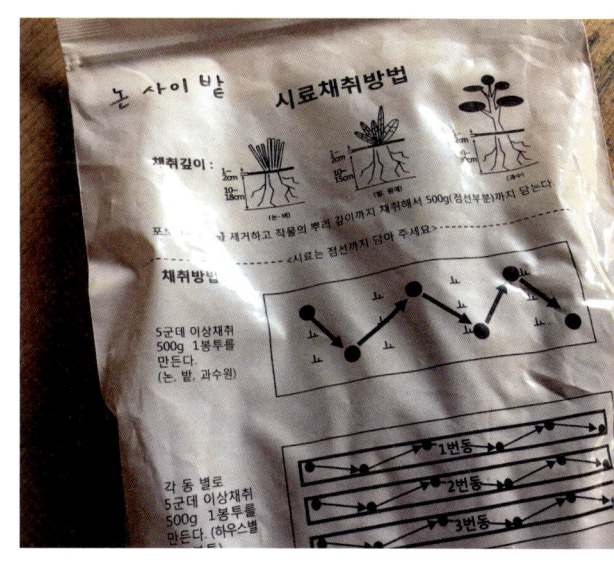

흙을 채취하기 전에 우선 농업기술센터를 방문해서 토양검사 문의를 하면 사진과 같은 봉투를 받을 수 있다. 봉투의 설명대로 흙을 채취한 후에 잘 말려 체로 친 후에 고운 흙 500그램을 모은다. 검사 결과가 나오기까지 1주일에서 10일 정도 걸리기 때문에 가능하다면 정원에 거름을 넣기 전에 미리 검사를 해 두는 것이 좋다.

공간을 어떻게 이용할 것인지 먼저 그림을 그려 본다

정원에는 다양한 공간이 만들어질 수 있다. 정원으로 들어가는 입구가 있고, 가족들이 모여 이야기를 나누며 차를 마실 수 있는 공간이 있는가 하면, 누구에게도 보이고 싶지 않은 비밀의 장소가 필요하기도 할 것이다. 그렇다면 한정된 공간 안에서 어느 공간을 얼마만큼의 넓이로 디자인할지 구획을 나누어 볼 필요가 있다. 그래야 공간의 넓이에 따라 식물이 얼마나 필요한지 계산할 수 있다. 또 공간 활용을 어떻게 할 것인지에 따라 평면으로 설계할지, 입체감을 줄 것인지, 벽이나 울타리 등으로 경계를 만들 것인지 등에 대한 계획도 함께 세울 수 있다. 만약 텃밭을 만들 계획이라면 햇빛이 가장 잘 드는 곳을 택하는 것이 좋다. 생강이나 토란을 제외한 채소 대부분이 충분한 햇빛을 좋아하기 때문이다.

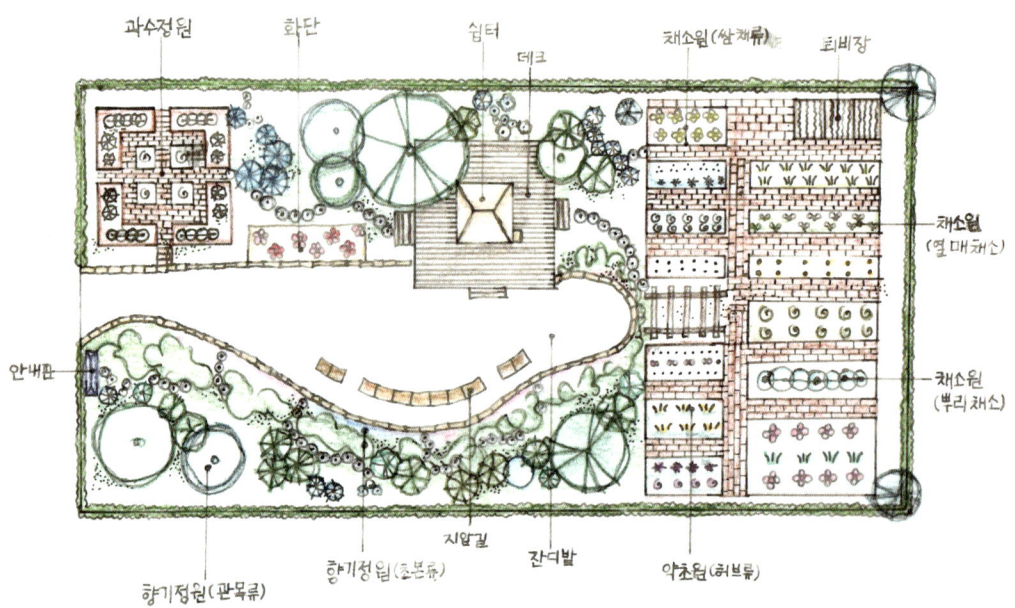

왼쪽 가로 44미터×세로 22미터 규모의 공주생명과학고등학교 원예실습지 설계 도면이다(2009). 학교 안에 마련된 공간으로, 하루 종일 해가 잘 비치는 곳이다. 농업 실습을 하는 학생들이 활용할 장소라는 점을 고려해 텃밭, 약초원, 과수원 등은 물론 실습하면서 중간에 휴식을 취할 수 있는 쉼터도 있다. 또 텃밭이나 과수원의 통로는 학생들이 편안한 마음으로 다닐 수 있도록 50~80센티미터 너비로 했으며, 텃밭 두둑의 너비도 80센티미터 내외로 해서 앉은 자리에서 충분히 팔이 닿도록 설계했다. 기존 학교 정원의 정형적인 틀에서 벗어나면 좋겠다는 생각으로 디자인했지만, 실제로 시공이 되지는 않아 아쉬움이 남는다.

오른쪽 약 2300제곱미터 규모의 충남 홍성에 있는 가정집 정원 설계도다(2022). 장기적으로 어린이를 위한 동화책 카페 겸 서점이 들어설 예정이라는 점을 고려해 디자인했다. 온실이나 작업장이 메인 건물이 될 것으로 예상한다. 아이들이 책을 보며 마음껏 뛰어놀 수 있도록 넓은 잔디밭을, 그 주변으로 퍼걸러와 화단을 만들어 1년 내내 꽃이 피는 식물과 나무로 둘러싸인 공간이 되면 좋겠다는 생각으로 설계했다. 숙소 주변으로는 아기자기한 모양의 텃밭을 조성해 아이들이 자연스럽게 먹을거리 자급에 관해 생각할 수 있기를 바라는 마음도 담았다. 정원의 전체적인 이미지는 작은 숲속 정원의 느낌을 상상하면서 디자인했다.

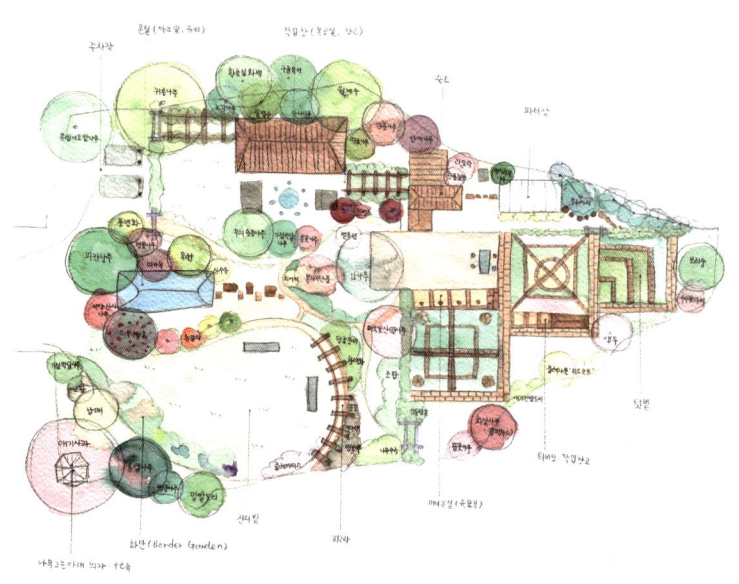

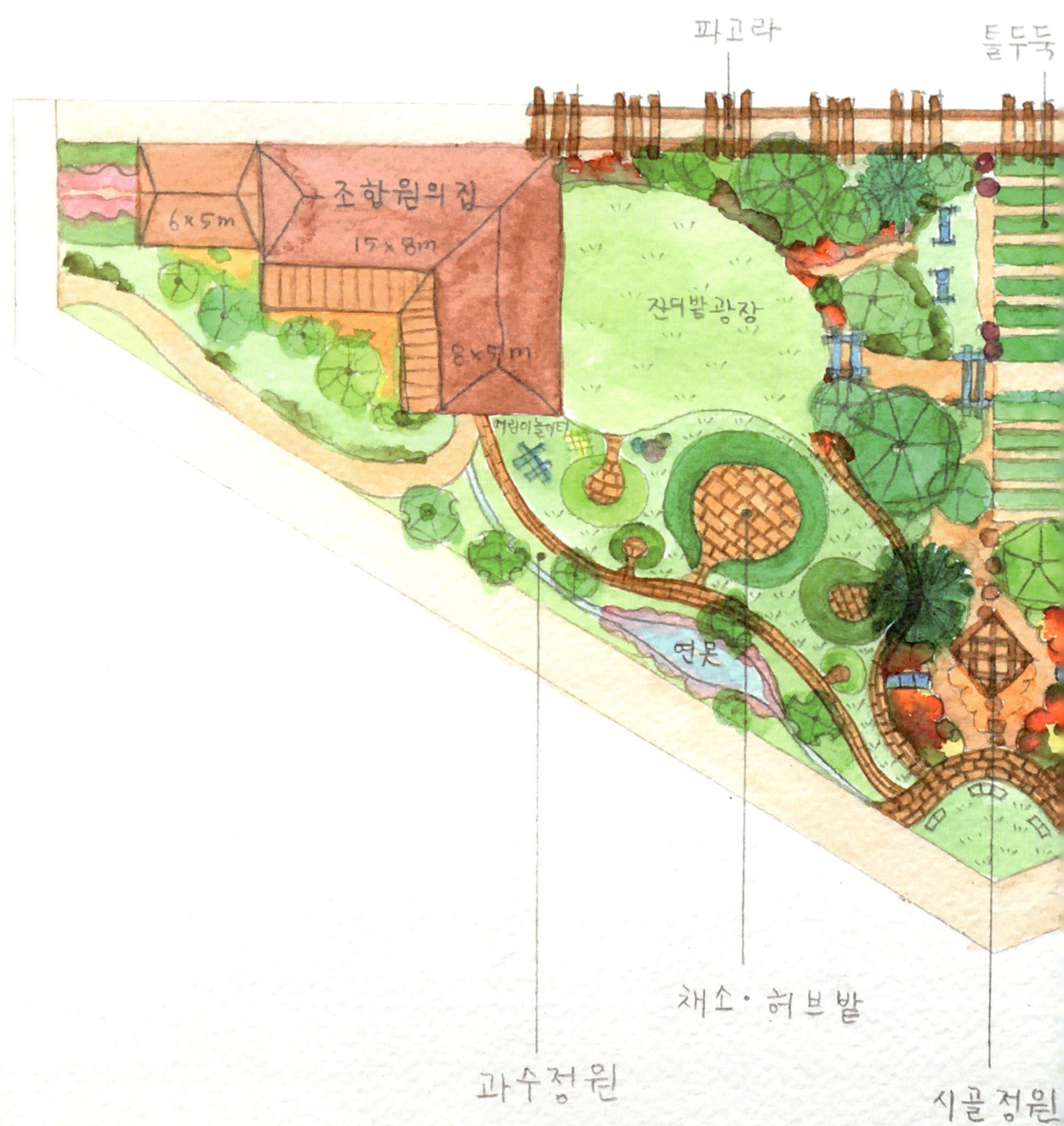

58~59쪽 우리 동네 충남 홍성의 의료생협에서 준비하고 있는 돌봄농장 설계도다(2021). 약 2300제곱미터 정도 규모의 정원으로 의료생협을 이용하는 다양한 연령층의 사람이 이용할 공간이다. 평면 도면에서는 표현이 잘되지 않아 알아보기 어렵지만 조합원의 집이 2층 건물이라는 점을 고려해 1층에서는 잔디밭으로 나가 정원을 이용할 수 있도록 했고, 2층에서는 정원 전체가 한눈에 들어온다는 점을 고려해 곡선이 들어가는 다양한 디자인을 택했다. 정원의 요소로는 모두가 좋아할 만한 허브정원과 과수정원을 가까운 곳에 배치했다. 다른 한편에는 시골 어른들이 좋아할 만한 꽃이 피는 식물을 심을 수 있도록 시골정원을 만들고, 그 옆에 만든 꽃다발정원에서 부담 없이 꽃을 꺾어 집으로 가져가 꽃병에 꽂을 수 있으면 좋겠다고 생각했다. 그리고 가장 넓은 부분을 차지하는 공간으로는 공유텃밭이 있다. 마을 어르신들이 텃밭 교사가 되어 귀농·귀촌했지만 땅이 없는 분들에게 농사일을 가르쳐 줄 수 있는, 그래서 서로 상생할 수 있는 공간도 마련해 보았다. 그리 넓지 않은 공간이지만 모두의 소망을 반영하다 보니 정말 다양한 형태의 정원을 포함한 디자인이 완성되었다.

1년 중 꽃이 가장 아름답게 피어나기를 원하는 때가 언제인지 생각한다

식물마다 꽃이 피는 시기가 있다. 나팔꽃이나 무궁화처럼 하루만 피는 꽃이 있는가 하면 코스모스처럼 꽃이 피면 꽤 오랫동안 그 모습을 간직하는 식물도 있다. 어느 한 계절에 집중해서 꽃이 피는 식물도 있다. 내가 다녔던 게이센여학원대학에서는 학교 정원에 있는 화단의 식물들이 5월 마지막 주 토요일에 일제히 꽃을 피우도록 설계했었다. 1년에 한 번 열리는 축제를 기념하기 위해서다. 이날의 학교 정원은 온통 꽃으로 물들며 축제를 즐기기 위해 온 사람들에게 미소를 선사한다.

5월 마지막 주 토요일 즈음에 일제히 꽃이 피도록 설계하고 만든 게이센여학원대학의 보더가든.

가을에 꽃이 피는 국화 종류만 모아 심은 위슬리 가든의 보더가든.

장마가 끝나갈 무렵 풀로 뒤덮인 화단의 모습이다. 이쯤 되면 관리를 포기해야 하나 싶지만, 아름다운 정원에서 느낄 수 있는 평온함을 아는 나는 다시 낫과 호미를 들고 김매기에 전념하게 된다. 사진은 풀무학교 전공부.

영국의 그레이트 딕스터는 여름 화단으로 유명하다. 여름의 강렬한 빛을 온몸으로 느낄 수 있도록 여름이면 빨간색, 노란색, 보라색 꽃들이 만발한다. 처음 정원에 들어서면 깜짝 놀랄 정도로 부담스럽기도 하지만, 정원을 나올 때쯤에는 '여름다운 정원을 잘 보고 나왔다'라는 생각이 든다. 사진은 7월의 마지막 날을 강렬한 색깔로 장식하고 있는 그레이트 딕스터의 여름 정원 모습.

관리 시간과 경비가 어느 정도 들지 예산을 세워 본다

정원 환경 조사를 마쳤다면 다음으로 시간과 경비에 관한 계획을 세운다. 하루 또는 1년 중 화단 관리에 어느 정도의 시간을 쓸 수 있는지, 돈은 얼마나 여유가 있는지 등을 생각해 보는 것이다. 계획 단계부터 생각해 두지 않으면 중간에 포기하기 쉽다. 화단은 풀밭이 되고, 돈이 터무니없이 많이 들어갈 수 있다. 1년에 식물을 몇 번 바꿀 것인지, 식물은 나무로 할 것인지 초화류로 할 것인지, 식물을 교체할 면적은 어느 정도로 할 것인지에 따라 경비 차이가 많이 난다.

시간도 중요하다. 시골 농업학교에서 일하는 나는 1년에 두 번 식물을 바꾸고 시간이 날 때마다 화단에서 일한다. 그러다 보니 농사일이 한창 바쁜 6월에서 8월 사이에는 한 달에 한 번이나 두 번 밖에는 시간을 낼 수 없다. 이 시기가 되면 화단이 '잡초밭'인지 '꽃밭'인지 헷갈리지만, 대부분 해마다 꽃을 피우는 여러해살이풀이기 때문에 그런대로 관리가 가능하다.

만약 하루에 20~30분이라도 시간을 낼 수 있거나 1주일에 한 번 정도라도 시간이 된다면 서너 차례 식물을 바꾸어 주면 물론 더 좋다. 하지만 무엇보다 무리하지 않고 즐겁게 일할 수 있어야 한다는 것이 중요하다. 그러기 위해서는 체력적으로나 경제적으로 편안하게 시작해야 한다. 정원을 처음 만들어 보는 사람이라면 1평(3.3제곱미터) 정원에서부터 시작해 보라고 권하고 싶다.

만들고 싶은 화단의 이미지에 맞는 색감을 정한다

정원에 조화로운 색의 옷을 입히자

정원의 아름다움은 정원사의 손길과 정성 그리고 다양한 꽃과 나무의 어울림에서 시작된다. 거기에 색(colour)이 더해지면 정원은 한층 더 빛을 발하게 된다. 꽃을 좋아한다고 해서 온갖 색의 꽃을 화단에 섞으면 아름답기보다는 혼란스러움을 느끼게 될 수도 있다. 내가 좋아하는 식물의 꽃이 어떤 색인지, 어떤 색의 꽃과 더 잘 어울리는지 한번쯤 살펴보면 정원은 단정하면서도 우아하고 때로는 역동적인 모습으로 태어날 수 있다. 마치 사람들이 매일매일 옷을 갈아입을 때 옷의 색깔을 고민하듯, 정원에서도 내가 좋아하는 색의 꽃을 피워 내는 식물을 고르고 맞추어 보면서 어울림의 색을 찾아보자.

따사로운 봄날에는 노란색과 분홍색으로 화사함을 더하고, 더운 여름에는 흰색과 파란색으로 시원함을 부르고, 곡식이 익어 가는 가을에는 식욕을 돋우는 빨간색과 노란색, 주황색으로 정원에 색깔 옷을 입히자. 그리고 추운 겨울에는 하얀 눈이 만들어 내는 아름다움 사이로 빛나는 나무 열매의 먹음직스러움을 즐기면서 각각의 식물이 가지고 있는 그 자체의 아름다움을 그대로 드러내 보는 것은 어떨까.

정원사의 손길과 눈길이 식물을 심고, 풀을 뽑고, 물을 주는 데서 끝나지 않고, 파란 하늘과 초록 나무 그리고 갈색의 흙 사이로 펼쳐지는 빨주노초파남보 색의 향연에도 미친다면 정원은 매일 다른 모습으로 정원사를 더욱 설레게 할 것이다.

색채의 유혹

색은 우리 인생에서 아주 중요한 역할을 한다. 이른 봄에 제일 먼저 꽃망울을 터뜨리는 복수초(*Adonis amurensis*)를 보고 있으면 반짝이는 태양이 연상되면서 따뜻함을 느낄 수 있다. 복수초꽃은 봄꽃치고는 꽃이 큰 편인데, 파

다양한 이미지를 연상시키는 색. I.R.I. 배색 이미지 스케일.

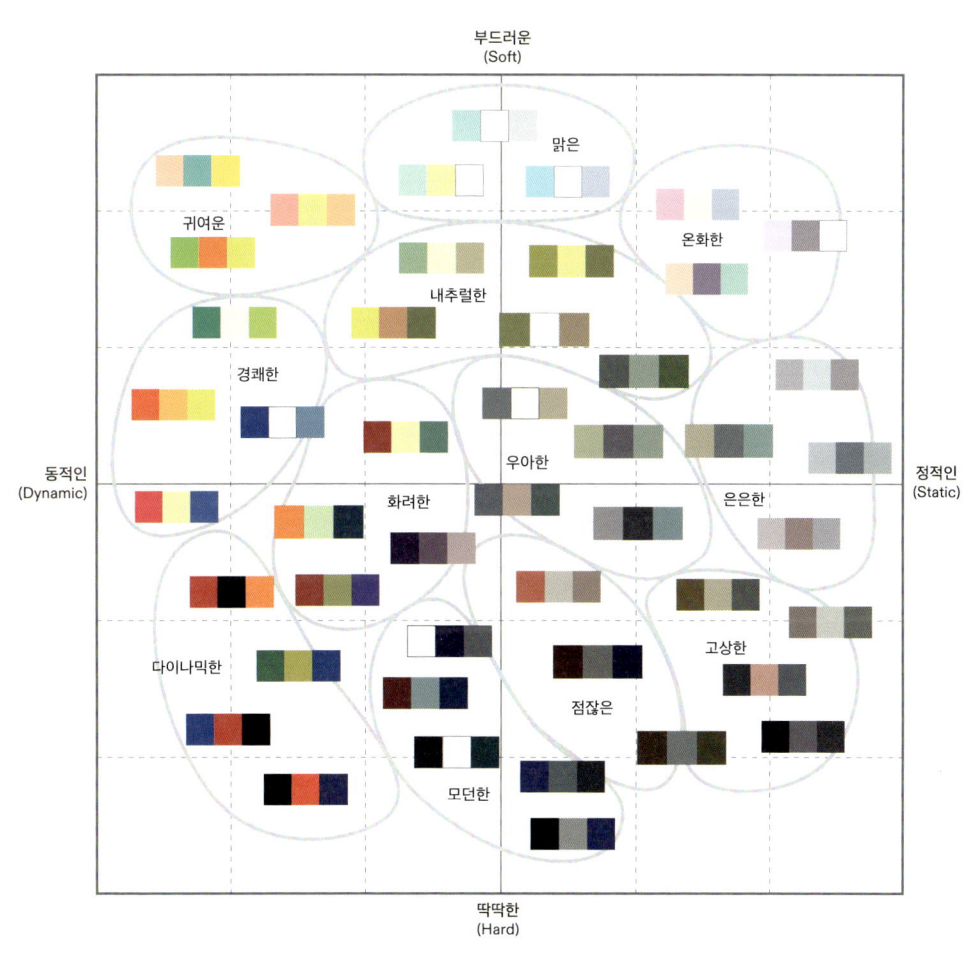

만들고 싶은 화단의 이미지에 맞는 색감을 정한다

란 하늘을 향해 해바라기처럼 큰 꽃잎을 펼친 복수초에는 봄이 한가득 담겨 있다. 노란색은 '희망을 부른다'는 의미를 담고 있기도 하다.

복수초꽃이 질 무렵이면 불꽃놀이라도 하듯 노란 산수유꽃이 터지고, 수줍은 듯 털옷을 벗고 흰색의 백목련꽃이 피어난다. 봄날의 순백색 백목련꽃은 생기를 되찾게 하고, 커다란 빨간색 꽃을 피우는 칸나는 더운 여름에 시원시원한 초록색 잎으로 한여름의 더위를 잠시 잊게 해 준다. 이처럼 다채로운 색의 꽃은 각자가 가진 색으로 때로는 밝게, 때로는 우아하게, 때로는 슬픈 마음을 달래 주는 마법 같은 매력으로 우리에게 다가온다.

정원을 설계할 때도 색이 주는 이미지를 떠올리면서 디자인하면 한층 더 매력적인 정원으로 만들 수 있다. 유치원이나 어린이집 화단에는 귀여운 이미지가 연상되는 색의 꽃을 피우는 식물을 골라 심고, 백화점 같은 상점 앞에 만드는 정원이라면 화려하면서도 우아한 이미지를 떠올릴 수 있게 하는 색의 꽃을 피우는 식물을 선정한다. 어르신들이 생활하는 요양원이나 재활센터 안에 있는 정원이라면 온화하면서 자연스러운 색감의 화단으로 디자인하면 좋다. 어떤 식물을 심을까 고민하기 전에 '어떤 이미지의 색으로 할까'를 먼저 생각해 보았으면 한다.

마음을 움직이는 정원의 색

식물의 다양한 색으로 가득 채워진 정원은 정원 일을 하느라 지치고 흙투성이가 된 정원사에게 큰 선물로 다가온다. 정원을 찾은 사람의 마음 상태에 따라 정원의 색이 주는 이미지는 다르게 느껴진다. 시간에 따라 날씨와 계절에 따라 식물의 색은 때로는 고요하게 때로는 평화롭게 다가온다. 훌륭한 정원사라면 정원을 인상적이고 살아 있는 예술작품으로 만들기 위해, 더 밝고 맑은 색을 찾는 노력을 잊지 말아야 한다.

정원의 나라 영국을 대표하는 정원사 거트루드 지킬은 이런 말을 남겼다. "정원은 위대한 스승이다. 정원은 인내심과 세심한 관찰을 가르치고, 부지런함과 검소함을 배우게 해 준다. 무엇보다 정원은 온전한 신뢰를 가르친다." 또 그는 정원 색감의 중요성을 누구보다 강조하면서 다음과 같은 말을 남기기도 했다. "아무리 멋진 식물을 심고, 아무리 많은 종류의 식물을 심는다고 해서 아름다운 정원이 되지 않습니다. 뭐든지 공부가 없으면 단지 식물 컬렉션에 지나지 않습니다. 정원디자인은 식물이라는 물감으로 대지 위에 그림을 그리는 일입니다. 같은 장소와 같은 소재가 주어져도 아름다움을 창조하는 일이 가능한 공간일 수도 있고, 그저 지겨운 공간에 지나지 않을 수도 있습니다. 그 차이를 인식하고 정원을 만드는 일이 '예술 활동'임을 명심해야 합니다. 하나의 예술인 정원은 그림의 구도같이 모든 식물이 조화를 이룰 때 전체의 일부를 만들어 낸다는 것을 이해하고, 주의 깊은 배려와 자기만의 명확한 생각으로 창조해야 합니다."(《지킬의 정원으로 초대합니다》, 오도·김시용, 그물코)

정원의 주인공은 식물이지만 정원사가 각각의 식물을 어떤 색감으로 배치하느냐에 따라 큰 차이가 난다는 사실을 잊지 말자.

식물로 만들어 내는 정원의 색 조합

정원의 아름다움은 먼저 식물이 가진 다양한 색으로 표현되기 때문에 색의 조합은 매우 중요하다. 태양의 움직임에 따라 날마다 꽃과 잎의 색이 변하고, 계절의 변화에 따라서도 정원의 색은 변한다. 빛은 우리가 보는 색을 결정한다. 정원식물의 꽃 색은 정원을 찾는 이의 발걸음을 붙잡고 시선을 사로잡는 데 가장 큰 역할을 한다. 색채는 색상(빨강과 노랑 등 색 하나하나가 가진 순수한 색), 명도(색의 밝고 어두운 정도), 채도(색의 선명하고 탁한 정도)로 완성되기 때문에 정원에 심을 식물을 고를 때도 이 부분을 고려해서 색 조합을 시도한다.

(색 조합의 기본 패턴 1)

만들고 싶은 화단의 이미지에 맞는 색감을 정한다

기본 색상환과 게이센여학원대학에서 공부할 때 만든
컬러 서클(colour circle)·컬러 휠(colour wheel)

기본 색상환

동일한 색상(단색)의 조합

색상환에서 색상 차이가 작은 조합. 가장 무난하면서도 부드럽고 차분한 느낌이어서 실패할 확률이 적다는 장점이 있다. 식물을 심은 면적이 넓게 느껴지게 하지만 자칫하면 너무 단순해서 쉽게 식상해질 수 있어서 필요에 따라 꽃의 밝기나 잎의 모양 등으로 변화를 주는 방법을 공부할 필요가 있다.

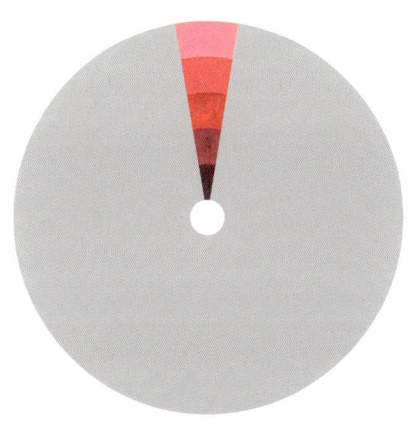

동일한 색상 조합의 예.

> 색 조합의 기본 패턴 2

비슷한 색상(유사색)의 조합

동일한 색상의 조합처럼 넓어 보이게 하고 부드러운 이미지를 느낄 수 있어 실패가 적은 조합이다. 먼저 기준 색상을 정하고, 양옆에 있는 색을 골라서 식재하는 방식이다. 예를 들어 노랑, 빨강, 주황의 난색계나 파랑, 남색, 보라색 등의 한색계 등으로 모으면, 따뜻하거나 시원한 이미지 등을 연출할 수 있다.

비슷한 색상 조합의 예.

> **색 조합의 기본 패턴 3**
>
> **반대되는 색상(보색)의 조합**

색상환에서 색상 차가 가장 큰 조합이며, 화려하고 강한 느낌을 준다. 정원에서 반대색을 잘 이용하면 임팩트가 강해서 눈에 잘 들어오지만, 너무 많은 양을 심으면 오히려 거부감이 생길 수도 있어 부분적으로 사용하는 것이 좋다. 같은 색이라도 명도 차이를 잘 이용하면 식물이 들어가고 나오는 느낌을 주어서 정원에 입체감을 입힐 수 있기 때문에 흥미로운 조합이기도 하다. 반대색의 조화를 잘 이용하려면 같은 양을 심기보다 어느 한쪽을 적거나 많게 해서 강조를 하는 것이 더 효과적이다.

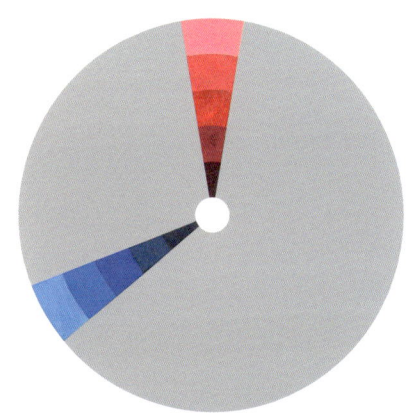

반대되는 색상 조합의 예.

> 색 조합의 기본 패턴 4

여러 가지 색상(다색)의 조합

정원에서 여러 가지의 색을 이용해 디자인하는 일은 꽤 어렵다. 보통은 색상환에서 거리가 가장 멀리 떨어진 세 곳에서 색을 하나씩 골라 조합한다. 어떤 경우에도 눈에 띄는 이미지로 다가오기 때문에 정원디자인 초기 단계에서부터 미리 고민할 필요가 있다. 반대색의 조합과 마찬가지로 강력하면서도 화려한 느낌을 연출할 수 있다.

여러 가지 색상 조합의 예.

> **양적인 조화**

색 조합의 기본 패턴에서 하나 더 기억해야 할 부분이 있는데, 바로 색의 양적 조화다. 예를 들어 보자. 보라색과 노란색 두 가지 색을 정원디자인에 이용할 경우, 보라색과 노란색의 비율은 7:3이 적당하다. 노란색은 보라색에 비해 상대적으로 빛의 강도가 강해서 눈에 쉽게 들어 올 뿐만 아니라 면적 대비 보라색의 두 배 정도 넓어 보이게 하는 착시 현상을 일으킨다. 양적인 조화가 잘 맞으면 노란색의 화려함이 안정감을 되찾으며 보는 이로 하여금 편안함과 안도감을 느끼게 할 수 있다. 이와 같은 사례는 정원 곳곳에서 발견할 수 있는데, 어떤 경우에는 하나의 식물에서 잎과 꽃의 양적인 색 조합으로 나타나기도 한다. 정원사의 세심한 관찰이 바탕이 되고, 더 나은 정원디자인을 향한 끊임없는 열정이 요구되는 지점이기도 하다. 때로는 다양한 실험정신을 발휘해서 굉장히 인상적이고 살아 있는 듯한 예술작품인 정원을 창의적인 색으로 가득 채울 수도 있다.

만들고 싶은 화단의 이미지에 맞는 색감을 정한다

색채 이미지를 생각한 후 어떻게 심을지 디자인한다

화단의 색채 이미지를 정했으면 색깔별로 식물을 모아 본다. 평소에 좋아하던 식물, 나의 정원으로 초대하고 싶은 식물을 하나둘 적어 보는 것이다. 그러고 나서 그 식물들이 얼마나 큰지, 꽃은 언제 피는지, 원산지는 어디인지, 우리 지역에서 잘 살 수 있는지 등을 하나하나 꼼꼼하게 체크한다.

아무런 기초 지식이 없다면 우리나라 종묘회사에서 나오는 카탈로그를 구해서 참고하는 것이 가장 좋은 방법이다. 나무, 초화류, 야생화에 이르기까지 최근에 인기를 얻고 있는 식물들은 물론 원예품종과 원종, 자생식물까지 폭넓게 소개하고 있다. 또 각 식물의 특성이나 꽃의 색깔, 크기까지 아주 세세하게 잘 정리되어 있어서 식물을 처음 접하는 초보자들에게 큰 도움이 된다.

앞으로 꾸준하게 식물을 키울 생각이 있는 사람이라면 자기만의 식물 카드를 만들고 사진이나 그림 등의 자료를 모아 앨범 형태로 만들거나, 자기만의 식물도감을 만들어 보는 것도 도움이 된다. 나의 경우 대학교 화단설계 수업 때 만들었던 앨범과 스케치북에서 지금도 도움을 받고 있다.

종묘회사에서 만들어 배포하는 카탈로그. 식물의 키, 폭, 생육환경 등을 간결한 기호로 표현해 정원을 설계할 때 필요한 정보를 누구나 알아보기 쉽게 기록해 놓았다.

게이센여학원대학 화단설계 수업 시간 때 만들었던 초본류 식물 앨범. 한쪽에는 식물 사진이나 그림을 그려 넣고, 다른 한쪽에는 식물 이름이나 원산지, 자라는 환경, 주로 이용되는 곳 등을 기록했다.

대학 조경 수업 시간 때 만들었던 식물 노트. 커다란 스케치북에 식물을 직접 보고 관찰한 내용을 그림이나 사진으로 정리했다.

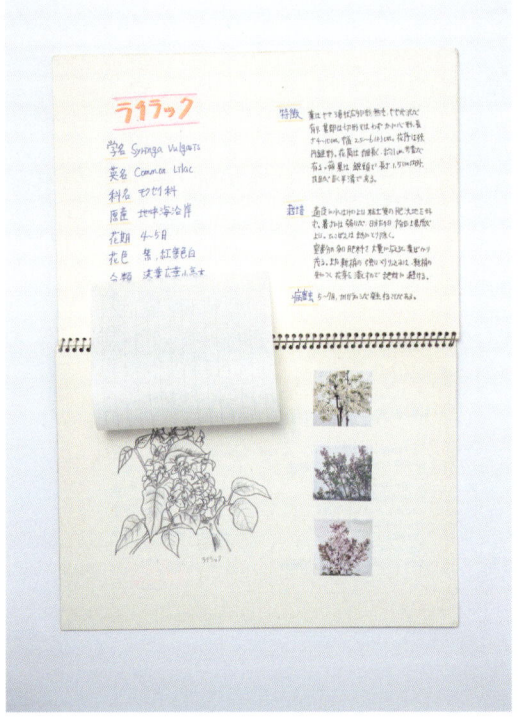

◦ 전단(前壇) 20~40cm 내외로 자라는 식물

① Anchusa capensis 'Blue Charm'
↕ 25cm   물망초과비슷한꽃
✿ 4~5월

② Bellis perennis 'Pomponette Red', 'P. Rose', 'P. Miyuki'   30cm 정도크기
↕ 15cm   English Daisy
✿ 5~7월   'Yao Etona', 'Super Etona Hakuteijou'   40cm 정도크기

③ Godetia amoena 'Zem Special Mix'
↕ 30cm   1교고기기
✿ 7~8월

④ Iberis umbellata 'Fairly Mix'
↕ 25cm
✿ 4~6월

⑤ Lobelia erinus 'Rosamond', 'Mrs. Clibran'
↕ 15cm   'Chrystal Palace', 'Emperor William'
✿ 4~5월

⑥ Dahlia pinnata 'Diabolo', 'Figaro Yellow'
↕ 30~40cm   'Figaro White', 'Figaro Mix'
✿ 6~11월

⑦ Nicotiana F1 'Domino Red', 'Domino Lime Green', 'Domino White'
↕ 20~30cm   꽃담배종류
✿ 4~7월

⑧ Petunia hybrida 'Baccal Red', 'B. Rose', 'B. Pink', 'B. Salmon', 'B. Blue'
↕ 20~30cm   'B. Red Picotee', 'B. Rose Picotee', 'B. Blue Picotee', 'B. White'
✿ 7~10월

⑨ Sanvitalia procumbens 'Yellow', 'Orange'
↕ 20cm
✿ 5~9월

⑩ Torenia fournieri 'Panda Rose', 'Panda Deep Blue'
↕ 20~30cm
✿ 8~10월

◦ 중단(中壇) 40~80cm 내외로

① Catharanthus roseus   일일초종류
↕ 50~60cm
✿ 7~10월

② Helianthus annuus
↕ 60~80cm
✿ 7~9월

③ Euphorbia marginata
↕ 40~50cm
✿ 7~9월

④ Impatiens balsamina   봉숭아종류
↕ 40~60cm
✿ 6~9월

⑤ Lavatera trimestris   꽃잎게10
↕ 60~80cm
✿ 6~8월

⑥ Melampodium 'Medal'
↕ 40~60cm
✿ 6~8월

⑦ Salvia farinacea
↕ 50~60cm
✿ 8~10월

⑧ Salvia splendens
↕ 50~60cm
✿ 5~8월

⑨ Tagetes erecta 'Per'   에라로드류
↕ 40~500cm
✿ 4~10월

⑩ Gomphrena globosa   천일홍종류
↕ 40~60cm
✿ 7~9월

게이센여학원대학 시절 보더가든을 설계할 때 작성한 노트(1994). 디자인에 들어갈 식물을 하나하나 찾아가며 꽃 색깔, 꽃 피는 시기, 자라는 키와 폭 등을 기록했다. 처음 해 보는 작업이라 더디고 시간도 많이 걸렸는데, 지금 생각하면 정원사에게 꼭 필요한 과정이었다.

• 고단(高壇) 80~100cm 내외로 자라는 식물

① Helianthus annuus 'Kagayaki', 'Gekkow', 'Sun Gold'
　↕ 100cm
　❀ 7~9월

② Helianthus argophyllus 'Taisetuzan'
　↕ 100cm
　❀ 7~9월

③ Amaranthus caudatus
　↕ 80~100cm
　❀ 8~10월

④ Cleome spinosa 'Colour Fountain'　　Giant spider flower
　↕ 80~100cm
　❀ 7~10월

⑤ Tagetes erecta 'Orange Isis', 'Yellow Isis'
　↕ 80~100cm 메리골드종류
　❀ 4~10월

⑥ Tithonia rotundifolia 'Torch Red', 'Torch Yellow'
　↕ 80~100cm
　❀ 7~9월

⑦ Amaranthus tricolor 'Tricolor Perfecta', 'Early Splendor'
　↕ 80cm 맨드라미종류·일년생   'Illumination', 'Yellow Splendor'
　❀ 8~10월

⑧ Hibiscus manihot
　↕ 80cm   닥풀
　❀ 7~8월

⑨ Lavatera trimestris 'Tanagura'
　↕ 80cm
　❀ 7~8월

⑩ Mirabiris jalapa 'Tall Mix'
　↕ 80cm
　❀ 8~10월

만들고 싶은 화단의 이미지에 맞는 색감을 정한다

〈봄화단〉

· 남쪽화단

꽃 이 름	꽃색	포기간격	포기수	파종일	정식일	개화시기	만개시기	정리한날
Chrysanthemum paludosum 'Nath Pole'	흰색	15	25	'94 12/27	4/11	4/중순	5/상순~6/상순	6/21
Cynoglossum amabile	연한청색	15	20	'94 10/14	4/11	5/중순	5/하순~6/상순	''
Mimulus moschatus	신노란색	25	20	2/7	4/11	4/중순	5/상순~5/하순	''
Salvia farinacea	자청색	20	30	'94 4/20	4/28	5/상순	5/상순~6/상순	''
Senecio cineraria	은백색꽃밭 노소생명꽃	20	66	'94 5/17	4/11	6/하순	5/하순~6/상순	''
Verbena x hybrida	흰색, 분홍색 빨강색, 보라색	20	58	1/21	4/21	4/중순	—	''
Serastium tomentosum	순백색	15	46	2/7	4/21	6/상순	—	''

· 북쪽화단

꽃 이 름	꽃색	포기간격	포기수	파종일	정식일	개화시기	만개시기	정리한날
Chrysanthemum paludosum 'Nath Pole'	흰색	10	54	'94 12/27	5/19	4/중순	5/중순~6/중순	6/21
Cynoglossum amabile	연한청색	20	14	'94 10/14	5/19	4/중순	5/하순	''
Salvia farinacea	자청색	15	18	'94 4/20	5/22	6/중순	6/중순	''
Verbena x hybrida	흰색,분홍색 빨강색,보라색	20	60	1/21	5/19	4/중순	5/하순~6/중순	''
Serastium tomentosum	순백색	15	58	2/7	5/19 5/22	—	5/하순	''
Lobelia erinus	흰색,보라색	10	46	1/15	5/19	4/중순	5/하순	''
Nicotiana F1 'Domino Lime Green'	연한연두색	10	13	2/5	5/22	4/중순	5/하순~6/중순	''
Nicotiana F1 'Domino Salmon Pink'	연한분홍색	10	13	2/5	5/22	4/중순	5/하순~6/중순	''
Erigeron karvinskianus	흰색,분홍색	8	59	1/19	5/22	5/상순	5/하순	''
Coleostephus myconis	노란색	20	11	1/2	5/19	4/중순	5/하순	''

※ 북쪽화단의 경우, 화단설계에서부터 정식에 이르기까지 3째 늦어졌기 때문에 정식 당월에는 대부분의 꽃이 피어 있었다. 그렇기 때문에 개화시기는 사카다(일본의 종묘회사)에서 나온 카달로그에 준해서 정리했다.

식물 고르기가 끝나고 화단이 완성된 후에는 다시 한번 표에 정리한다. 씨 뿌린 날부터 아주심기(정식, 온상에서 키운 모종을 제대로 정원에 심는 일)하고 꽃이 핀 날, 그리고 가장 풍성하게 꽃이 피어났던 때 등을 기록으로 남긴다.

천리포수목원 보더가든을 설계할 때 정리했던 노트(2001). 대학에서 배운 방법을 그때나 지금이나 똑같이 따라 하고 있다.

만들고 싶은 화단의 이미지에 맞는 색감을 정한다

한해살이풀과 여러해살이풀의 비율을 정한다

화단에 심을 식물을 고를 때 한해살이풀, 두해살이풀, 여러해살이풀의 비율을 정하면 관리가 편하다. 기본적인 비율은 여러해살이풀과 관목(관상용 꽃이 피면서 비교적 작고 아담하게 자라는 나무)을 70~80퍼센트, 한해살이풀과 두해살이풀은 20~30퍼센트 정도로 하는 것이 좋다. 여러해살이풀과 관목은 심으면 해마다 그 자리에서 볼 수 있다. 꽃이 피었다 지더라도 잎과 줄기가 무성해서 원래 차지했던 공간을 그대로 유지해 주기 때문에 빈 공간이 생기지 않는다. 빈 공간이 생기지 않는다는 이야기는 그 자리에 풀이 올라오지 않는다는 의미이기도 하다.

화단 전체 면적 중에 70~80퍼센트가 이미 자리를 가득 차지하고 있으면, 정원사는 나머지 20~30퍼센트의 공간을 어떻게 할 것인지 생각하면 된다. 정원사마다 개인차가 있겠지만 나는 주로 한해살이풀과 두해살이풀 중에서도 꽃이 오래 가고 은은한 색의 꽃을 피우는 식물을 고른다.

농사로 바쁜 학교에서 일하고 있어서 1년에 두 번만 식물을 바꾸어 심는다. 일이 바쁜 이유도 있지만 식물 모종 비용도 만만치 않기 때문이다. 직접 씨를 뿌려서 모종을 키워 심으면 문제가 없지만, 화원에서 식물 모종을 사려면 한 상자만 골라도 10만 원이 훌쩍 넘어 버린다. 학교는 그나마 예산 범위 안에서 교육적 목적으로 구입 신청을 하면 되지만, 개인이 집 정원에 심기 위해 식물을 사야 한다면 선뜻 지출하기 어려운 금액이다.

정원문화가 좀 더 일반화된 영국이나 일본 같은 곳에서는 여러 종류의 식물을 싼 가격에 살 수 있지만 우리나라는 아직 거기까지 미치지 못하고 있는 것이 현실이다. 경제적으로 여유가 있다면 1년에 서너 번 정도 식물을 교체해 주면 더 좋을 것이다.

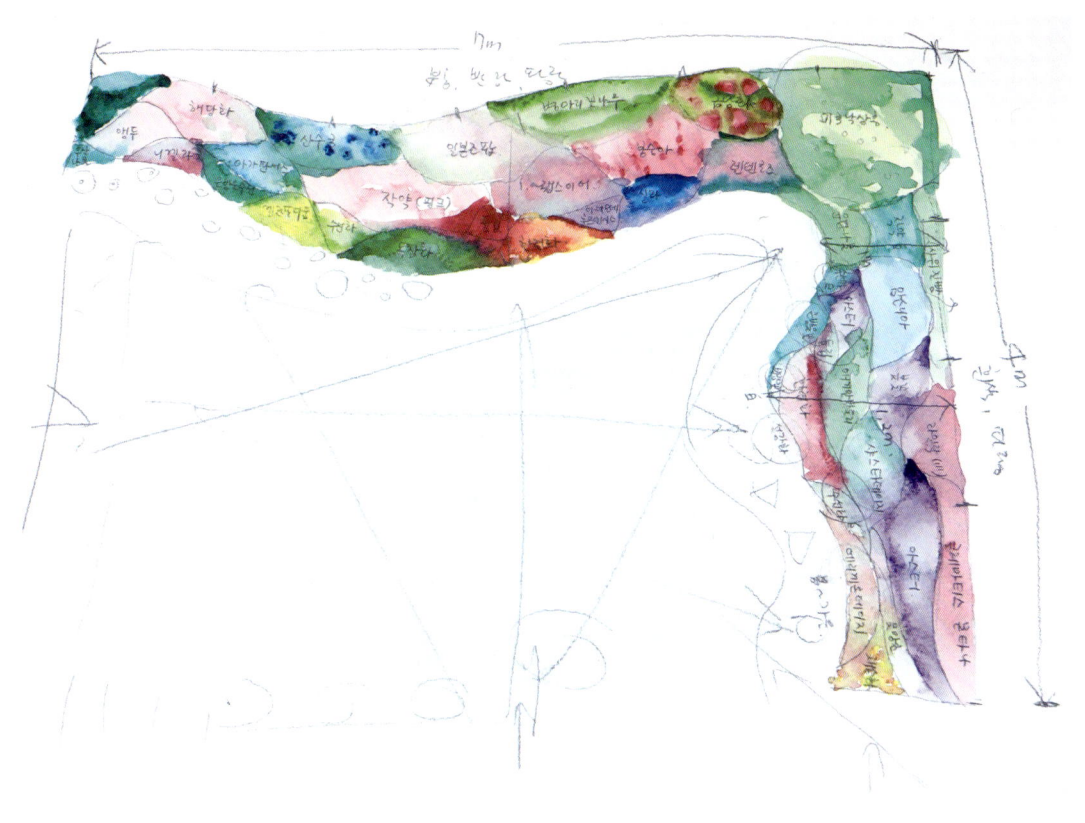

여러해살이풀과 한해살이풀의 비율이 8:2 정도인 경남 남해의 정원 설계 도면(2020).

위 여러해살이풀 사이로 주황색 한련화꽃과 노란색 팬지꽃이 보인다. 해마다 이 부분만 바꾸어 주면 된다. 사진은 에딘버러 보태니컬 가든(Edinbrough Botanical Garden).

아래 계절별로 화단에 심기에 적당한 식물 모종과 원예 도구 등을 판매하는 영국의 가든센터. 종류도 다양하지만 가격도 저렴한 편이다. 사진은 힐리어 가든(Hillier Garden).

식물의 키에 따라 배치하거나 모아 심는다

화단의 종류를 설명하는 부분에서도 이미 이야기했지만, 식물 크기에 따라 심는 위치를 정한다. 리본화단이나 문양화단을 만들 경우는 키가 작고 꽃송이가 많으며, 오래 피는 꽃이 좋다. 반면 보더가든의 경우는 입체감과 부피감을 주기 위해 다양한 키의 식물을 사용하는 것이 좋다. 보통은 키가 작은 것들은 앞쪽에 심고 그 뒤로 점점 큰 식물을 배치하지만, 꽃송이가 달리는 모양이나 하나의 식물체가 자라는 모습 등을 잘 관찰하고 파악한 후에 식재 위치와 간격 등을 적절하게 배치해야 한다.

꽃씨를 뿌려서 모종으로 키우거나 화원에서 모종을 샀을 당시에는 대부분 비슷한 크기지만 시간이 지날수록 자라는 모양이 달라진다. 어떤 것은 모종일 때와 거의 변화가 없이 자라기도 하지만, 어떤 것들은 모종일 때와는 전혀 다른 모양으로 자라기 때문에 심고 나서 당황할 때가 있다. 그래서 각각의 식물이 다 컸을 때의 키와 폭, 꽃송이가 달리는 모양 등을 잘 파악하고 있는 상태에서 디자인해야 한다.

> **화서*와 꽃송이** 관찰하기 1**
>
> 하나의 꽃대에 한 송이 또는 두 송이의 꽃을 피우는 식물

팬지(*Viola*), 양귀비(*Papaver*), 튤립, 수선화 등.
리본화단이나 문양화단에 적합하다.

*花序, 꽃이 줄기나 가지에 붙어 있는 상태 **꽃자루 위의 꽃 전체

화서와 꽃송이 관찰하기 2

**하나의 꽃대가 길고 튼튼하게 뻗어 올라가면서
여러 송이의 꽃들이 줄줄이 달리는 식물**

디기탈리스(*Digitalis*), 루피너스(*Lupinus*),
델피니움(*Delphinium*), 살비아(*Salvia*) 등.
보더가든의 뒤쪽이나 중간쯤에 잘 어울린다.

화서와 꽃송이 관찰하기 3

위나 옆에서 보았을 때 작은 꽃들이 모여서 한 송이처럼 보이는 식물

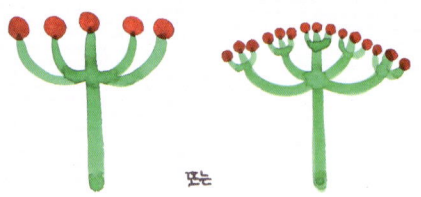

프리물라(*Primula*), 안개꽃(*Gypsophila*),
제라늄(*Geranium*), 펜타스(*Pentas*) 등. 컨테이너가든이나
보더가든의 앞쪽에 심기에 적당하다.

> **화서와 꽃송이 관찰하기 4**

옆으로 늘어지는 부드러운 꽃대에 여러 송이의 꽃이 달리는 식물

스위트피(*Lathyrus*), 프리지아(*Freesia*),
물망초(*Myosotis*) 등. 주로 꽃다발(절화)용으로 재배되며
화단에 심을 때는 모아 심는 것이 좋다.

> **하나의 식물체가 자라는 모습 관찰하기 1**

바람에 하늘하늘 흔들리는 모습으로 자라는 식물들

코스모스(*Cosmos*), 수레국화(*Centaurea*),
풍접초(*Cleome*) 등. 키가 50센티미터 이상 자라며
꽃송이가 꽃대 위쪽에 모여서 피기 때문에 바람이 불면
하늘하늘 흔들린다.

만들고 싶은 화단의 이미지에 맞는 색감을 정한다

하나의 식물체가 자라는 모습 관찰하기 2

꽃대가 시원스럽게 올라오는 모습으로 자라는 식물들

디기탈리스(*Digitalis*), 델피니움(*Delphinium*), 루피너스(*Lupinus*) 등. 잎이 무성하게 자라고, 꽃대가 시원스럽고 웅장하게 위로 뻗으며 올라가는 식물.

하나의 식물체가 자라는 모습 관찰하기 3

전체적으로 풍성한 모습으로 자라는 식물들

금어초(*Antirrhinum*), 호스타(*Hosta*, 비비추) 매발톱(*Aquilegia*), 마리골드(*Tagetes*), 살비아(*Salvia*), 그라스 종류 등. 잎과 줄기, 꽃대가 사방으로 무성하게 크는 식물.

하나의 식물체가 자라는 모습 관찰하기 4

아담하고 소복한 모습으로 자라는 식물들

팬지(*Viola*), 로벨리아(*Lobelia*), 크리산테뭄(*Chrysanthemum*, 쑥갓속), 임파티엔스(*Impatiens*, 봉선화속), 베고니아(*Begonia*), 일일초(*Catharanthus*), 페튜니아(*Petunia*) 등. 키가 20~30센티미터 정도의 크기로 자라며, 꽃송이가 많지만 소복하고 단정하게 자라는 식물.

하나의 식물체가 자라는 모습 관찰하기 5

낮게 뻗으며 늘어지는 모습으로 자라는 식물

타임(*Thymus*), 꽃잔디(*Phlox subulata*), 버베나(*Verbena*) 등. 키가 작으며, 옆으로 뻗거나 늘어지며 자란다.

> **하나의 식물체가 자라는 모습 관찰하기 6**
>
> ### 덩굴을 뻗으며 자라는 식물

클레마티스(*Clematis*), 스위트피, 나팔꽃(*Ipomoea*) 등. 담장이나 지주에 의지해 덩굴을 뻗으며 자라며, 꽃과 잎 모두 관상 가치가 뛰어나다.

> **식물체 조합 사례 1**
>
> ### 1·3·5의 조합

코스모스(*Cosmos bipinnatus*) +
청세이지(*Salvia farinacea*) +
버베나 테네라(*Verbena tenera*)

(식물체 조합 사례 2)

2·3·5의 조합

푸른루피너스(*Lupinus polyphyllus*) +
금어초(*Antirrhinum majus*) +
크리핑데이지 '노스 폴'
(*Chrysanthemum paludosum* 'North Pole')

(식물체 조합 사례 3)

2·3·4의 조합

디기탈리스 푸르푸레아(*Digitalis purpurea*) +
옥잠화(*Hosta plantaginea*) +
채송화(*Portulaca grandiflora*)

> **식물체 조합 사례 4**
>
> **4·5의 반복적인 조합**

일일초(*Catharanthus roseus*) +
백리향(*Thymus quinquecostatus*)

조합할 때 식물을 모아 심기 하면 좋다. 한 종류의 식물을 한 포기씩 여기저기 심지 말고, 한 종류씩 모아서, 한 자리에 최소한 다섯 포기에서 많게는 서른 포기까지 심는다. 그렇게 하면 무리 지어 꽃이 피기 때문에 공간이 꽉 찬 느낌이 든다. 또 그 식물이 가지고 있는 꽃 색이 한눈에 들어오고 넓은 면적에 색이 표현되기 때문에 아름다움이 더 커진다.

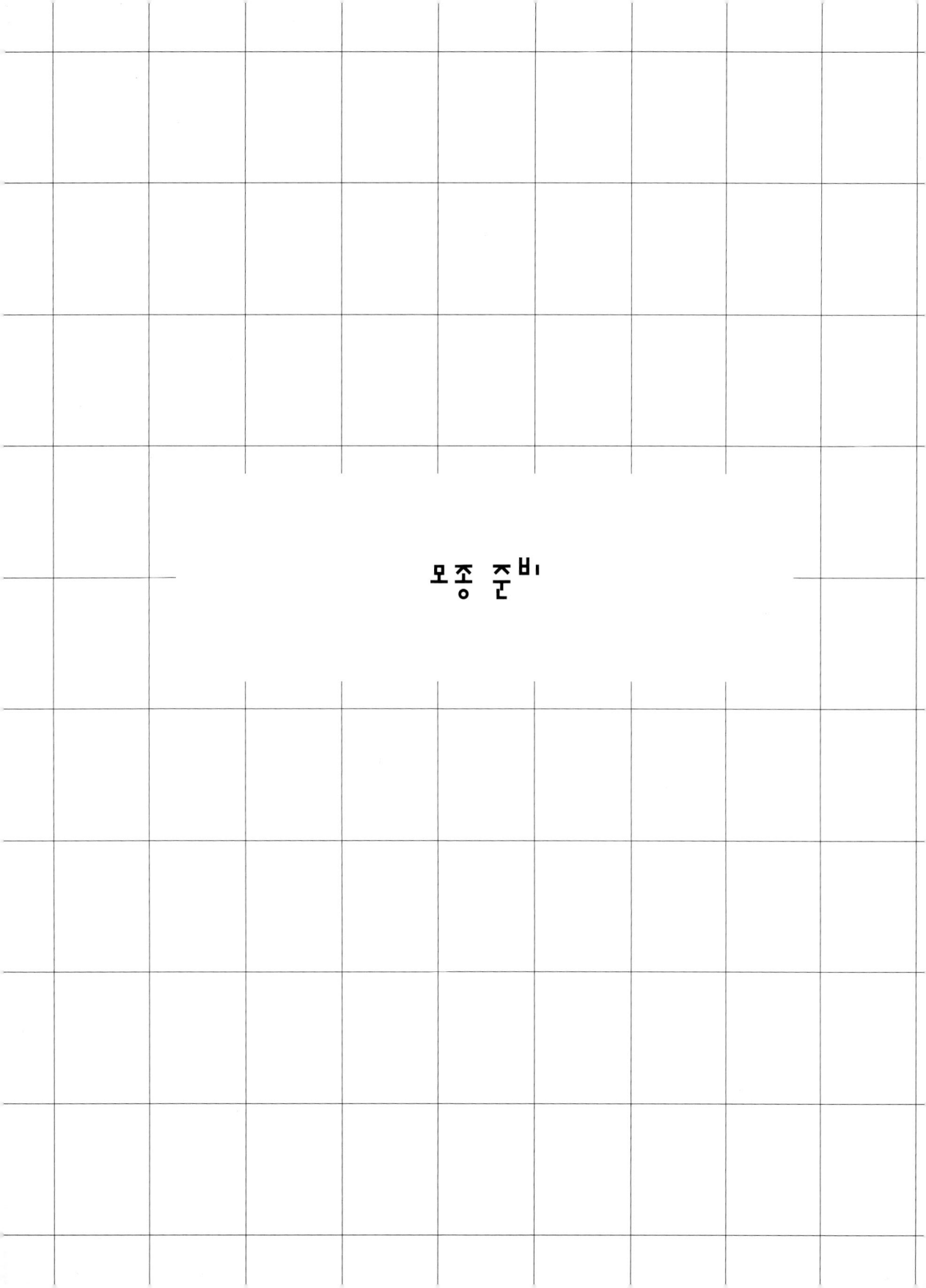

정원에 심을 식물 모종을 준비하자

식재디자인과 식재 계획이 세워졌다면 심고 싶은 식물 모종을 구하는 일이 남았다. 씨를 사거나 받아서 뿌리는 방법이 하나 있고, 여러해살이풀같이 땅속에 뿌리가 남아 있다가 봄에 다시 싹이 올라오면 포기 나누기를 해서 번식시키는 방법이 있다. 식물의 뿌리나 줄기 또는 잎의 일부분을 잘라 흙에 꽂아 두었다가 뿌리가 나면 옮겨 심어서 하나의 식물체로 키운 후 화단에 옮겨 심는 '삽목' 번식도 있다. 이 세 가지 중에 상황에 맞게 본인이 하기 쉬운 방법을 택해서 모종을 준비하면 된다.

씨 뿌리기

씨로 번식시키는 방법에는 두 가지가 있다. 첫 번째는 씨를 포트에 뿌렸다가 다시 트레이나 포트에 옮겨 심어 키우는 방법이다. 이때 보통 시중에서 판매하는 원예 상토를 사용한다. 원예 상토의 좋은 점은 가볍고, 중성 토양이며, 물을 잘 흡수하고 물이 잘 빠진다는 점, 그리고 높은 온도에서 가열해 만들기 때문에 식물에게 해로운 균이 없다는 점 등이다. 하지만 원료가 거의 100퍼센트 수입이라는 점이 문제다. 원료 대부분을 수입에 의존하다 보니 가격이 비싸기도 하지만, 원료를 조달하기 위해 세계 곳곳의 평야나 습지, 산을 파헤치고 깎아야 해서 생태계가 파괴된다. 두 번째는 이런 단점을 보완할 수 있는 방법으로, 화단에 직접 씨를 뿌리는 것이다. 원래 식물의 씨는 땅에 떨어져서 자랄 때 제일 튼튼하게 잘 자라는 법이다.

> 원예 상토에 씨 뿌리기

트레이에 씨 뿌리기

식물의 씨와 이름표, 네임펜(또는 연필)을 준비하고 이름표에 식물 이름과 씨를 뿌린 날짜를 적는다.

씨 크기에 맞는 트레이를 고른다. 모든 트레이의 전체 크기(54센티미터×27센티미터)는 같지만, 구멍 크기에 따라 종류가 달라진다. 사진 왼쪽부터 50구, 72구, 105구, 200구 트레이다.

트레이의 좁은 쪽을 자세히 보면 한 트레이에 구멍이 몇 개인지 알 수 있도록 숫자가 적혀 있다. 대부분 72구 트레이가 적당하고 해바라기처럼 씨가 큰 식물은 50구 트레이를 이용하는 것이 좋다.

일반 트레이의 반 크기(27센티미터×27센티미터)도 있다. 왼쪽은 25구, 오른쪽은 36구 트레이로, 일반 트레이보다 가벼워서 운반하기 쉽고 적은 양의 씨를 뿌리기에 적당하다.

깨끗한 트레이를 준비한다. 트레이는 한 번 사용하면 바이러스 오염 가능성이 있어 보통 1회용으로 취급하지만, 깨끗하게 씻어 여러 번 사용하기도 한다.

트레이 가운데를 중심으로 원예 상토를 좀 많다 싶을 정도로 수북하게 올린다.

수북하게 올린 원예 상토를 밖으로 밀어내듯 손으로 평평하게 편 다음, 양 손바닥으로 상토를 한 번씩 가볍게 눌러 준다.

씨를 넣기 위해 새끼손가락으로 구멍을 뚫는다. 새끼손가락 마지막 마디의 반이 원예 상토 안으로 들어가도록 꾹 눌렀다 뺀다. 이때 구멍의 위치는 사각형 정중앙에 오도록 한다.

씨를 손바닥에 조금씩 덜어 낸 다음 다른 한 손으로 씨를 하나씩 집어 구멍에 넣어 준다.

씨가 너무 작아 손에 잘 잡히지 않으면 핀셋을 이용한다.

씨가 보이지 않도록 원예 상토로 덮어 준 후, 이름표를 트레이 왼쪽 위에 꽂는다. 이때 이름표는 최대한 깊이 꽂아서 물을 주거나 바람이 불어도 날아가지 않게 한다.

씨 뿌리기가 끝났으면 충분하게 물을 준 다음 전열선이 깔린 온상에 넣어 준다.

온상의 온도를 측정하는 갈색 센서는 바닥과 떨어트려 놓는다. 노란 선은 바닥에 깔린 전열선이다.

온상의 온도를 보통 18~20도가 되도록 맞추어 놓으면 자동으로 조절이 된다.

싹이 나서 자라고 있는 깨꽃. 보통 씨를 뿌리고 나서 7~15일 사이에 싹이 나온다. 싹이 늦게까지 나오지 않더라도 한 달 정도까지는 기다려 본다.

트레이에서 본엽이 서너 장 나오면 1차로 옮겨심기한다.

위 모종의 크기를 보면서 3~4치 포트에 옮겨심기하는 것이 원칙이다. 1치는 3센티미터로, 포트 직경을 말한다. 화분 위쪽 원통의 직경이 6센티미터는 2치, 9센티미터는 3치, 12센티미터는 4치 포트라고 한다.

아래 모종이 튼튼하고 날씨가 따뜻하면 트레이에서 꺼낸 모종을 바로 화단에 아주심기해도 된다.

포트에 씨 뿌리기

포트에 원예 상토를 가득 담는다.

양손으로 포트를 감싸고 살짝 들었다 놓았다 하면서 원예 상토가 안쪽까지 잘 들어가도록 한다.

화분 위쪽으로 1센티미터 정도의 공간 아래까지 원예 상토가 채워졌으면 한 손에는 씨를 들고 다른 한 손으로는 씨를 든 손의 끝부분을 살살 두드려 손바닥에 생긴 가운데 주름으로 씨가 모이면서 흙으로 떨어지도록 한다. 이때 씨가 한곳에 몰려서 떨어지지 않도록 씨를 들고 있는 손을 사방으로 움직여 준다. 씨가 큰 해바라기나 오이, 호박 등의 식물은 포트 한 개에 하나의 씨만 심는다.

씨 뿌리기가 끝났으면 원예 상토로 다시 씨를 덮어 준다. 원예 상토는 씨 크기의 두 배 두께로 덮이도록 넣어 준다.

씨 뿌리기가 끝난 포트는 구멍이 크게 뚫린 상자 등에 모아 옮기면 편리하다.

씨 뿌리기를 한 후 1주일에서 10일 정도 지나면 대부분 싹을 틔운다. 포트에 씨를 뿌리면 공간을 많이 차지하지 않는다는 장점이 있다.

포트 크기에 비해 꽤 많은 양의 씨가 뿌려지기 때문에 본엽이 나오기 전에 하나씩 포트에 옮겨 심는 것이 좋다. 포트에서 어린 모종을 뽑을 때는 나뭇가지 등을 이용해 최대한 뿌리가 끊기지 않도록 하며, 다른 한 손으로는 줄기가 아닌 떡잎을 잡는다. 줄기를 잡으면 손가락의 압력으로 연한 줄기가 상처를 입을 수 있기 때문이다. 줄기는 한번 상처를 입으면 식물체 전체에 문제가 생기지만, 떡잎은 잘리거나 눌려도 본엽이 다시 나오기 때문에 안전을 확보할 수 있다.

모종을 옮겨 심을 때는 나뭇가지로 뿌리를 넣을 곳에 먼저 구멍을 만들고 뿌리 전체가 완전히 들어갈 수 있도록 조심스럽게 작업한다. 뿌리를 다 넣은 다음에는 주변의 원예 상토로 덮어 주고 나뭇가지와 손가락으로 꾹 눌러 준다.

모종이 너무 작거나 양이 많은 경우에는 트레이를 이용하면 공간을 절약할 수 있다.

포트에 옮겨심기가 끝난 모종의 모습. 포트나 트레이에 옮겨심기했다면 물을 충분히 준 후에 관리한다.

삽목 상자에 씨 뿌리기

삽목상자 바닥에 신문지를 두 장 깔아 준다. 신문지를 밑에 넣으면 원예 상토가 밑으로 새어 나오지 않으며, 씨 뿌리기가 끝난 후에 물을 흠뻑 주었을 때 오랫동안 수분을 유지하고 있어 뿌리가 잘 내린다. 또 아래쪽에서 올라오는 바람을 막아 주어 상토와 뿌리가 잘 마르지 않는다.

신문지 위로 원예 상토를 충분하게 넣어 준다.

원예 상토를 골고루 펴 준다. 이때 손으로 해도 되지만 30센티미터 자 모양의 나무토막 같은 것을 이용하면 편리하다.

씨 뿌릴 곳에 나무토막을 세워서 살살 눌러 주면서 골을 만든다.

골을 다 만든 모습.

씨가 가늘면 골고루 뿌리기 어렵기 때문에 A4용지를 두 번 접은 정도의 크기로 잘라 가운데를 한 번 접었다 편 다음 그 홈으로 씨가 모이게 한다. 이때도 씨가 골고루 퍼지도록 왼손은 씨가 떨어질 곳으로 움직이고, 오른손 검지로는 종이를 살살 두드리면서 왼손과 함께 이동한다.

종이 등이 없을 경우, 손바닥을 접었을 때 생기는 홈을 이용해 앞의 사진과 같은 방식으로 씨를 뿌린다.

씨 뿌리기가 끝났으면 두 손의 검지와 중지로 원예 상토를 가운데로 모으듯이 씨를 덮으며 눌러 준다.

씨를 흙으로 덮을 때 둥근 체를 이용할 수도 있다.

둥근 체에 원예 상토를 반 정도 넣는다.

체를 양옆으로 흔들어 가면서 원예 상토가 아래로 떨어지게 한다. 이때 원예 상토가 골고루 떨어지는지 눈으로 확인하는 것이 중요하다. 원예 상토의 양은 씨 크기의 두 배 정도 깊이가 되도록 넣어 주는 것이 적당하다.

흙으로 씨를 덮어 준 모습.

물을 충분히 준다. 원예 상토는 비교적 빨리 마르기 때문에 날씨가 좋으면 매일매일 물을 주는 것이 좋다.

싹이 난 모습.

'플라워 믹스' 꽃씨를 뿌려서 모종의 모습이 제각각이다.

> 화단에 직접 씨 뿌리기

가루 석회를 이용해 씨 뿌릴 곳을 표시한다. 석회는 토양을 알칼리성으로 바꾸어 주는 역할을 한다.

삽으로 흙을 뒤집거나 레이크(rake)로 긁어 주며 표면을 평평하게 고른다. 레이크는 흙을 고르거나, 풀을 긁어 낼 때, 곡식 등을 긁어모으거나 두둑을 고르는 데 사용하는 쇠갈퀴를 이르는 말로, 레기라고도 한다. 최근에는 무게를 줄이기 위해 알루미늄으로 제작하기도 한다.

알맞은 간격으로 씨 뿌릴 곳을 표시하면 씨가 한 부분에만 집중적으로 떨어지지 않게 할 수 있다.

심을 씨를 준비한다.

해바라기같이 씨가 큰 식물은 한 곳에 한 개씩 뿌리고(점파), 모종이 작은 식물은 서로 붙지 않도록 적당한 간격으로 흩어서 뿌린다.

씨를 뿌린 지 20일 만에 크게 자란 해바라기의 모습.

넉넉한 간격으로 떨어져서 자란 해바라기와 씨를 흩어뿌리기 해서 자라난 식물이 사이좋게 자리 잡은 모습.

봄에 씨 뿌리기

우리가 알고 있는 식물의 씨 대부분은 봄에 뿌리면 안전하다. 특히 여름과 가을에 꽃을 피우는 한해살이풀들은 서리 피해가 없는 4월에 화단에 직접 뿌리거나 이전 해 늦가을에 하우스에서 씨를 뿌린 후 겨울 동안 온실에서 관리하다 봄이 되면 화단에 옮겨 심는다. 단 여러해살이풀이나 나무의 경우 겨울의 저온을 거쳐야 꽃눈이 형성되기 때문에 봄에 씨를 뿌려도 꽃은 이듬해에 핀다는 사실을 알아 둘 필요가 있다. 봄에 씨를 뿌리면 모종이 어느 정도 큰 상태에서 겨울을 나기 때문에 동해를 입을 걱정이 없다는 점이 좋다.

봄에 씨를 뿌리는 한해살이풀

과꽃, 금계국, 한련화, 나팔꽃, 만수국, 맨드라미, 백일홍, 버베나, 봉선화, 분꽃, 살비아, 아게라툼(불로화), 일일초, 채송화, 코스모스, 플록스, 페튜니아 등

가을에 씨 뿌리기

가을에 씨를 뿌리는 식물들은 대부분 9월 초·중순 경에는 작업을 마쳐야 한다. 추운 겨울이 오기 전에 모종을 어느 정도 키워야 하기 때문이다. 물론 하우스처럼 보온이 가능한 시설이 있는 경우는 10~11월까지 씨를 뿌려도 된다. 이른 봄에 제일 먼저 화단에 심는 팬지나 프리뮬라 등이 그렇게 재배하는 식물이다. 하지만 여러해살이풀은 9월에 뿌려서 튼튼한 모종으로 키워야 겨울을 날 수 있다. 여러해살이풀 대부분은 씨를 뿌린 후 2년이 지나야 꽃을 피우기 때문에 인내심이 필요하다.

가을에 씨를 뿌리는 한해살이풀

금잔화, 샤스타데이지, 루피너스, 금어초, 물망초, 수레국화, 스위트피, 안개초, 금영화(캘리포니아포피), 팬지, 끈끈이대나물, 로벨리아, 동자꽃 등

한해살이풀과 두해살이풀

씨를 뿌려 싹이 나고, 꽃이 피고, 씨를 맺기까지의 과정이 1~2년 안에 다 이루어지는 식물. 꽃이 많이 달리고 꽃 색이 화려한 종류가 많아 리본화단이나 문양화단 등에 주로 이용한다. 한해살이풀에는 팬지, 해바라기, 나팔꽃, 코스모스, 페튜니아 등이 있고, 두해살이풀에는 디기탈리스, 델피니움, 루피너스 등이 있다.

여러해살이풀 숙근초라고도 한다

심은 곳에서 해마다 싹이 올라와 꽃을 피우는 식물. 한해살이·두해살이풀에 비해 손이 많이 가지 않는다는 장점이 있다. 여러해살이풀 중에는 겨울에도 잎이 그대로 살아 있는 상록성이 있는가 하면 겨울에 잎이 시들었다가 봄이 되면 다시 싹을 틔우는 낙엽성이 있기도 하다. 국화(Chrysanthemum), 붓꽃(Iris), 둥굴레(Polygonatum), 에키나시아(Echinacea), 헬레보루스(Helleborus), 옥잠화(Hosta plantaginea), 쑥부쟁이(Aster) 등이 이에 속한다.

여러해살이풀(숙근초)과 두해살이풀의 차이점

여러해살이풀의 경우는 그 해에 꽃이 진 후에도 땅속의 뿌리는 살아 남아 이듬해에 다시 꽃을 피우기를 반복하며 여러 해를 사는 반면, 두해살이풀은 씨를 뿌린 후 2년째 되는 해에 꽃을 한 번 피우고 나면 이듬해에는 죽어서 없어진다.

포기나누기

모종을 준비하는 또 하나의 중요한 방법으로 포기나누기가 있다. 주로 여러해살이풀 번식 방법으로 사용하며, 간단하면서도 양을 쉽게 많이 늘릴 수 있어 알아 두면 좋다.

> 삽을 이용한 방법

주로 국화처럼 생명력이 강한 식물에 이용한다. 가장 기본적인 이 방법은 식물체를 덩어리째 삽으로 캐낸 다음 삽 끝과 발을 이용해 균일한 크기의 덩어리로 거칠게 나누는 방법이다. 이 방법은 아스터(*Aster*), 해바라기(*Helianthus*), 도깨비부채(*Rodgersia*), 미역취(*Solidago*) 등의 식물에 사용할 수 있다.

빽빽하게 자란 국화 포기 주변에 삽을 깊숙이 집어넣는다.

한 덩어리가 될 정도의 크기로 퍼 올린다.

위 우선 반으로 자른다.

아래 반으로 자른 덩이를 한 번 더 반으로 잘라 전체 네 등분이 되게 한 다음 한 덩어리씩 심으면 된다.

> **포크를 이용한 방법**

두 개의 포크를 이용하는 방법이다. 두 개의 포크를 등지게 하여 맞물리게 꽂은 후 양 손잡이를 안쪽으로 밀면서 서서히 힘을 주면 뿌리가 풀려서 나오기 시작한다. 같은 동작을 반복해 하나의 모체에서 여러 개의 포기를 만들 수 있다. 뿌리가 엉켜 있는 여러해살이풀, 덩어리진 여러해살이풀에 적합한 방법이다. 덩어리 중심에 자리한 오래되어서 성장이 더딘 부분은 버리도록 한다.

포크로 분주하기 적당한 식물은 손으로 캐내기에는 너무 단단하고, 잔뿌리를 보호해야 해서 삽으로 내려찍기에는 위험한 식물이다. 영양을 흡수하는 중요한 부위인 뿌리가 다치지 않도록 삽이 아닌 포크로 들어 올려 주는 것이다. 삽으로 캐낼 때와 마찬가지로 단번에 들어 올리기 힘들기 때문에 여러 방향에서 포크로 살짝 들어 준 다음 완전히 캐낸다.

새싹은 두세 개 정도가 한 덩어리에 붙어 있게 나누어 준다. 새싹을 한 개 남기고 분주하기도 하지만 약할 수 있으니 두세 개가 적당하다. 호스타(비비추) 종류는 적어도 3년 주기로 분주해 주어야 한다. 이 방법이 적합한 식물로는 부처꽃(*Lythrum*), 플록스(*Phlox*), 세둠(*Sedum*), 칼라(*Zantedeschia*), 호스타(*Hosta*) 등이 있다.

포크는 흙을 일구거나 땅속 작물을 수확할 때, 뿌리가 깊게 뻗어 내려간 잡초의 뿌리를 뽑을 때, 퇴비 뒤집을 때, 잔디에 숨을 불어 넣을 때 주로 쓰는 도구를 말한다. 다른 말로 삼지창 또는 호그라고도 한다.

심은 지 오래된 호스타 포기를 덩어리째 캐낸다.

두 개의 포크를 서로 등지게 대고 깊이 찔러 넣는다.
손잡이를 잡고 양손의 힘을 가운데 쪽을 향하게 하면서 툭툭 치면서 밀어 준다.

이번에는 가운데로 모았던 손잡이를 바깥 쪽으로 눕히면서 뿌리가 서서히 빠져나오도록 지긋이 눌러 준다.

눕혔던 손잡이 쪽을 다시 들어 올리면서 가운데 쪽으로 힘을 주면 뿌리가 끊기지 않고 한 올 한 올 풀려서 나오기 시작한다.

네 등분 정도 크기로 나눈 후에는 손으로 덩어리를 더 작게 나눈다.

한 뿌리에 눈이 두세 개씩 남도록 포기나누기를 해서 완성한 모습.

처음 캐낸 장소에 한 덩어리를 심고, 나머지는 적당한 장소를 찾아 심어 준다.

> **칼을 이용한 방법**

뿌리가 생강 같은 모양을 한 붓꽃은 손이나 삽으로 자르면 상처 부위가 커질 수 있어 말끔히 잘라 내려면 칼을 사용하는 것이 좋다. 굵은 뿌리에서 새싹이 올라오는 방향을 잘 관찰해 보면 원래의 뿌리에서 밖으로 퍼져 나가듯 방향이 일정하다는 사실을 알 수 있다. 그 결과 오래된 뿌리는 푸석푸석해지면서 양분이 사라지기 때문에 새로 나온 뿌리를 잘라 내 원래 심었던 위치에 다시 옮겨 심으면서 관리하는 것이 좋다. 이 방법을 쓰기에 좋은 식물은 콘발라리아(*Convallaria*, 은방울꽃속), 절굿대(*Echinops*), 노랑꽃창포(*Iris pseudacorus*), 독일붓꽃(*Iris × germanica*), 억새(*Miscanthus*) 등이 있다.

오래되어서 포기나누기가 필요한 독일붓꽃.

우선 덩어리진 뿌리줄기를 캐낸다. 오래된 뿌리는 양분이 없어 푸석푸석하다.

위 칼을 이용해 뿌리줄기가 쪼개지거나 상처가 나지 않도록 깔끔하게 잘라 낸다. 칼은 사용하기 전에 알코올이나 불로 반드시 소독한다.

아래 뿌리줄기는 5~10센티미터 남기고 자르고, 잎도 1/3 정도만 남기고 잘라 낸다. 그래야 잘린 상처 부위가 잘 아물고 새로운 뿌리를 만들어 내는 데 식물이 집중할 수 있다. 뿌리가 마르기 전에 가능한 한 빨리 포트나 땅에 심어 준다.

> **손을 이용한 방법**

처음 심은 식물체의 뿌리 주변으로 새로운 포기와 뿌리가 여러 개로 늘어나면서 자라는 식물에 적당한 방법이다. 뿌리를 손으로 잡아당기면서 떼어 내면 된다. 이미 정원에서 자라고 있던 식물체의 경우 삽이나 모종삽 등을 이용해 캐낸 후 원하는 개수만큼 혹은 하나씩 떼어 낸다. 이 방법은 아주가(*Ajuga*), 알케밀라(*Alchemilla*), 라미움(*Lamium*, 광대수염속) 프리뮬라(*Primula*), 컴프리(*Symphytum*), 꽃범의꼬리(*Physostegia*) 등의 식물에 적합하다.

정원에서 캐낸 식물 포기나 화분에서 이미 빽빽하게 자란 모종을 준비한다. 정원에서 자라고 있는 식물의 경우 우선 시든 잎이나 가지 등을 잘라 낸다.

화분에서 빼낸 포기의 반 정도를 양손으로 나눈다.

양손에 힘을 주면서 뿌리가 서서히 빠지도록 지긋이 잡아 당긴다.

포기와 포기가 비교적 잘 분리가 되면 뿌리가 끊어지지 않는다. 하나씩 분리된 포기들은 뿌리가 마르기 전에 한 포기씩 옮겨 심는다.

하나씩 분리된 포기들.

뿌리가 마르기 전에 한 포기씩 옮겨 심고, 그늘에서 2~3일 정도 안정시킨 후에 햇빛이 있는 곳으로 옮겨 준다.

모종 옮겨심기

씨에서 싹이 나면 포트에 옮겨 심어 준다. 옮겨심기에 가장 적당한 시기는 떡잎이 나오고 본엽이 나올 준비를 하고 있을 때다. 이때는 잔뿌리가 적어 뿌리끼리 서로 엉켜 있지 않아 뿌리가 끊어져 상처를 입을 일이 적어서 안전하다. 하지만 그 시기를 맞추기란 쉽지 않다. 다른 일을 보다가 하루 이틀만 지나도 본엽이 자리기 시작하기 때문이다. 적기를 놓쳤다고 너무 실망하지 말고 가능한 한 빨리 옮겨 심으면 된다.

싹이 올라 온 모종을 준비한다.

모종 옮겨심기에 쓸 포트를 준비한다. 포트는 크기에 따라 다양한 종류가 있으니 식물 크기에 맞게 준비한다. 사진 왼쪽부터 2치, 3치, 4치 포트다. 보통 싹이 난 모종은 작아서 2~4치 포트를 주로 이용한다. 모종이 작으면 2치 포트에 1차로 옮겨 심는다. 처음부터 너무 큰 포트에 옮겨 심으면 오히려 더디 자란다. 조금 번거롭더라도 포트 모종이 자라는 속도를 보면서 한두 번 더 옮겨심기하는 것이 오히려 식물을 튼실하게 키울 수 있다.

2치 포트.

3치 포트.

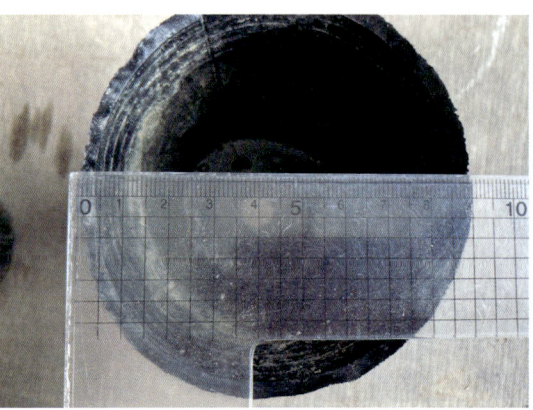

흙을 준비한다. 마사토 3 : 퇴비 1 : 부엽토 또는 숯 1 : 팽연왕겨 1의 비율로 섞은 흙이 적당하다. 흙을 구할 수 없을 때 주로 시중에서 파는 원예 상토를 이용하는데, 원료를 거의 100퍼센트 수입에 의존하고 있으며, 생태계를 파괴하는 주범이기 때문에 가능하면 마사토를 사서 섞어 쓰면 좋겠다.

포트에 흙을 채우기 전 흙을 어디까지 넣어야 하는지 살펴 본다. 포트를 옆으로 눕혀서 보면 맨 아래쪽은 옆으로, 중간은 세로로, 그리고 맨 위쪽은 다시 가로로 줄무늬가 있다. 맨 아래 옆 줄무늬 부분까지는 섞은 흙 중에서도 약간 굵은 흙을 넣고, 이후 중간 부분에 세로로 난 선까지만 섞은 흙을 채우면 된다. 맨 위쪽 가로로 난 선 부분은 비워 둔다. 포트에 모종 심기가 끝난 후 물을 주었을 때 물이 고여 있다가 서서히 아래로 스며들 수 있도록 공간을 남겨 두는 것이다. 이 공간을 워터 스페이스(water space)라고 한다.

워터 스페이스

모종삽이나 손으로 포트에 흙을 채운다. 모종의 크기에 따라 흙의 양도 조금씩 달라지지만, 보통은 포트에 흙이 반 정도 채워지도록 넣는 것이 좋다.

나무젓가락이나 나뭇가지 등을 이용해 모종 상자에서 모종을 퍼 올린다. 이때 모종 뿌리가 최대한 잘리지 않도록 조심하고 다른 한 손으로는 모종의 잎을 잡고 흔들리지 않게 한다. 보통은 모종 한 개씩 옮겨 심지만, 사진에서 보는 모종은 '플라워 믹스'이기 때문에 서너 종류의 모종을 같이 옮겨 심어서 화단에 아주심기 했을 때 적절하게 섞이면 좋겠다고 생각했다.

흙을 반 정도 채운 포트에 모종이 정 중앙에 오도록 놓는다.

모종 가장자리에 흙을 돌려 가면서 채워 넣는다.

모종 준비

흙이 골고루 채워졌으면 양옆으로 흔들면서 평평하게 퍼지게 한다.

화분을 들었다 놓았다 하면서 뿌리 사이사이로 흙이 잘 들어갈 수 있게 한다.

옮겨심기가 끝난 모습. 워터 스페이스가 충분히 확보되도록 심는다.

모종을 한곳으로 모으고 물을 충분히 준다. 화분 밑으로 물이 흘러나올 때까지 흠뻑 준다.

삽목하기

애플민트(*Mentha suaveolens*), 로즈마리(*Rosmarinus officinalis*), 한련화(*Tropae-olum majus*)로 삽목을 해 보았다.

삽목에 쓸 가지를 자른다. 마디가 최소한 두 개 이상이 되게 한다.

가지를 자르자마자 바로 물에 담근다.

삽목에 필요한 준비물을 챙긴다.

포트에 원예 상토를 담고 포트 아래까지 물이 충분히 스며들도록 물을 주고 기다렸다가 이 과정을 반복한다.

알코올 솜이나 라이터로 삽목에 쓸 칼과 가위를 소독한다.

삽목에 쓸 가위를 라이터로 소독하는 모습.

잎을 반으로 잘라 증산작용을 막는다.

마디는 두 마디에서 세 마디를 남기고 자른다. 최소한 한 마디는 상토에 들어가도록 꽂는다. 이름표도 만든다.

준비 된 가지(삽수)는 바로 물에 담가 한 시간 동안 충분하게 물을 흡수시킨다.

나무젓가락이나 나뭇가지 등으로 먼저 구멍을 낸 후에 삽수를 꽂는다. 잘라 낸 부위에 최대한 상처가 나지 않도록 하기 위해서다.

삽목이 끝난 모습.

공중 습도를 유지하기 위해 비닐이나 지퍼백으로 화분 전체를 감싼다. 지퍼백을 이용하면 아랫부분을 팽팽하게 여밀 수 있어서 편리하다. 20도 정도 되는 그늘진 곳에 두고 1주일에 한 번 정도 물을 주면서 관리한다. 사진은 2월 16일의 모습.

삽목을 위해 준비한 로즈마리 삽수.

두 마디가 상토 안으로 들어가게 꽂았다.

삽목을 위해 준비한 한련화 삽수.

삽수의 크기에 따라 한 마디에서 두세 마디가 꽂히기도 한다.

삽목한 양이 좀 많다면 하우스 안 그늘진 곳을 찾아 활대를 꽂고 비닐을 씌우는 방법도 있다. 온도는 20도 정도로 유지한다.

삽목해서 키울 여건이 안 된다면 가지를 잘라 물에 꽂아 둔다. 여러 날(10일에서 한 달 정도)이 지나고 뿌리가 나오면 포트에 옮겨 심는 방법도 있다.

애플민트 삽수에서 21일 만에 뿌리가 난 모습. 왼쪽은 같은 날 물꽂이로 뿌리를 나게 한 애플민트. 오른쪽은 포트에 삽목한 후 빼낸 모습. 꽤 많이 자란 흰 뿌리들이 보인다.

뿌리가 생긴 삽수들을 하나씩 나누고 포트에 옮겨 심는다.

한련화 삽수에서 21일만에 뿌리가 생긴 모습. 왼쪽은 같은 날 물꽂이를 해서 뿌리가 생긴 한련화.

뿌리뿐만 아니라 곁순과 잎도 꽤 많이 자라난 한련화의 모습.

로즈마리 삽수에서 43일 만에 뿌리가 난 모습. 왼쪽은 같은 날 물꽂이를 해서 뿌리를 생기게 한 로즈마리.

물꽂이를 한 로즈마리 뿌리는 3센티미터 정도 뿌리를 뻗었고, 화분에 삽목한 로즈마리는 2밀리미터 정도밖에 뿌리를 내지 않았다.

애플민트를 포트에 옮겨 심은 모습(3월 9일).

한련화를 포트에 옮겨 심은 모습(3월 9일).

로즈마리를 포트에 옮겨 심은 모습(3월 31일). 화분에 옮겨 심은 후에는 2~3일 정도 그늘에서 안정시킨 후에 햇빛이 들어오는 곳으로 옮겨 주어야 잎이 상하지 않고 뿌리를 잘 내리게 하는 데도 도움이 된다.

정원의 기본, 작은 화단 만들기

모종 준비가 끝났으면 직접 화단을 만들어 보자

봄 화단 거름내기와 모종 심기

이 책에서 소개할 화단의 종류는 보더화단, 한자로 경계화단(境界花壇)이다. 이 화단은 2003년에 처음 만들었는데, 최대한 손이 덜 가도록 관리하기 편하게 디자인했다. 화단의 총 길이는 14미터, 폭은 3미터로 그리 크지 않은 편에 속한다. 논과 밭을 합쳐 만 평(3만3000제곱미터) 농사를 지으면서 짬짬이 관리하기에는 크게 부담되지 않는 적당한 크기의 화단이라고 생각한다.

화단 뒤편으로는 쥐똥나무로 울타리를 쳤다. 가슴 높이까지 키워 해마다 같은 높이로 가지를 잘라 준다. 봄에는 앙증맞은 흰색 꽃이 피고, 여름부터 늦가을까지 초록색 잎들로 무성한 나무다. 초록색은 모든 색을 조화롭게 어우러지게 하고 편안함을 준다. 화단에 어떤 색깔의 꽃이 피어도 무난하게 어울릴 수 있게 해 준다.

화단 동쪽 옆으로는 식당 건물이 있어 아침 해가 조금 늦게 뜨는 편이지만, 오전 10시경부터 해가 질 때까지는 충분한 빛이 들어오기 때문에 일조량은 충분하다. 홍동(충남 홍성군 홍동면) 지역의 기후는 최근 15년간 최고 기온 38도, 최저기온 영하 18도를 기록했다. 최근 기후변화에 따른 이상 기후 현상이 많이 나타나고 있어 늘 불안하다. 몇 해 전에는 8월 한 달 내내 비가 내려서 밭작물을 비롯한 식물들이 녹아내린 적도 있다. 겨울에는 한파가 여러 차례 반복되면서 오랫동안 잘 자라던 식물들이 얼어 죽어 버리는 경우도 있었다. 평년 날씨를 예측할 수 없는 시대가 되고야 만 것이다.

하지만 지금도 살아남아서 꽃을 피우는 녀석들이 있다는 것은 다행스러운 일이다. 이상 기후에도 지지 않고 꿋꿋하게 버티며 자신의 삶을 이어 가는 생명들에게 감사하다. 그 생명들 덕분에 우리가 살아갈 수 있기 때문이다. 내 안에 그리고 우리 안에 아름다운 자연을 들이고 싶은 것은 아마도 말없이 받아 주는 자연에 의지하고 싶은 마음 때문이 아닐까. 힘들고 지친 일상을 가만히 안아 줄 정원이 필요한 것이다.

이 정도의 기후면 식물 대부분이 잘 버틸 수 있다. 예전보다 비교적 기온이 따뜻해진 편이라서 최근에는 배롱나무와 동백나무도 꿋꿋하게 서 있다. 가끔 겨울에 부는 칼바람이 걱정되기도 하지만 여전히 튼실한 꽃을 피워 낸다. 그러나 겨울 추위에 약한 로즈마리나 라벤더는 아직도 밖에서 겨울을 나기는 어렵다. 조금 아쉽기도 하지만 그 나름대로 귀함을 느낄 수 있어 좋다. 사계절이 뚜렷해야 다양할 수 있듯이, 정원에서 보는 식물도 각 계절에 맞는 다양함이 있어야 재미있지 않을까.

시든 가지 정리해 주기

이른 봄, 개학과 동시에 제일 먼저 해야 할 일은 가지과 채소(가지, 고추, 파프리카 등)와 십자화과 채소(양배추, 브로콜리 등)의 씨를 뿌리는 일이다. 가지나 고추 씨는 음력 설을 기점으로 뿌리고, 십자화과 채소의 씨는 포트나 트레이에 바로 뿌린다. 십자화과 채소는 비교적 추위에 강한 편이라 일찍 심는 편이 좋다.

채소 씨 뿌리는 일이 끝났으면 이제 본격적인 화단 만들기에 들어간다. 화단을 만들기 전에 먼저 해야 할 일이 있다. 지난해에 꽃을 피웠던 가지와 잎들을 정리해 주는 일이다. 겨울을 나고도 시든 가지 끝에 매달려 있는 씨는 따로 받아 두고, 나머지는 모두 잘라 낸다. 가지가 두꺼운 것들은 전정가위로 잘라 내면 되지만, 여러해살이풀의 가지 대부분은 가늘고 잘 말라 있어서 낫을 사용해도 된다. 전정가위보다 빠르고 손쉽게 할 수 있다. 단, 처음 낫을 사용하는 사람이라면 반드시 장갑을 착용하자. 농사 '베테랑'도 낫 사용은 위험할 수 있으니 다치지 않게 늘 조심해야 한다.

시든 가지 정리는 보통 가을에 한다. 하지만 나는 겨우내 시든 가지를 보면서 꽃이 피었을 때를 떠올리며 즐거워한다. 시든 가지와 잎 위로 눈이 내려 소복이 쌓이는 모습을 바라보는 일이 너무 좋다. 이 마른 식물들은 자칫하면 썰렁해질 수 있는 겨울정원(Winter Garden)에 다시 피어나는 꽃이 될 수도 있다.

위 봄이 되면 제일 먼저 하는 일이 시든 가지 정리하기다. 겨울 동안 시들어 가는 가지 위에 서리나 눈이 내리면 그 자체로 멋진 화단이 완성된다. 시든 가지를 보고 있으면 지난날 아름답게 피었던 꽃들이 생각나면서 기분이 좋아진다.

아래 시든 가지를 정리할 때 필요한 도구들. 보통은 낫만 가지고도 모든 가지를 정리할 수 있지만, 간혹 나뭇가지처럼 굵은 가지가 있을 때는 낫이 줄기에 미끄러져 올라오면서 손을 다칠 수 있으니 전정가위로 자르는 것이 안전하다. 그리고 가죽장갑은 가시가 있는 산딸기 줄기나 아까시나무, 환삼덩굴 등을 제거할 때 필요하다.

가지를 자를 때는 최대한 흙과 가까운 곳까지 잘라 내도록 한다. 잘라 낸 가지들은 군데군데 모아 놓았다가 한꺼번에 옮기면 편하다.

많은 가지를 한꺼번에 옮길 때는 손수레를 이용한다.

보통 시든 가지는 부피는 크지만 가벼워서 손수레에 최대한 많이 실어 나른다. 그래서 앞이 잘 보이지 않아 아슬아슬하지만, 그 자체로도 즐겁다. 자른 가지는 잘라서 퇴비에 넣거나 멀칭 재료로 쓰면 좋다.

시든 가지를 잘라 내자 그 속에 숨어 있던 모나르다(*Monarda*)의 어린싹이 보인다.

1 톱풀(*Achillea*)의 어린싹.
2 붓꽃(*Iris*)의 어린싹.
3 작약(*Paeonia*)의 어린싹.
4 꽃범의꼬리(*Physostegia virginiana*)의 어린싹.

붓꽃의 씨송이. 붓꽃은 씨송이가 열리면 맨 윗부분이 벌어지는데, 귀고리 같기도 하고 그 자체로 꽃이 핀 것 같아 겨우내 꽃병에 꽂아 두기도 한다.

국화꽃이 지고 난 후의 모습. 씨에 달린 보송보송한 털이 마치 큰 물방울 같다. 이 작은 씨송이들 위에 눈이 쌓이면 너무 귀엽고 예쁘다.

시든 가지에 서리가 내리니 꽃잎 한 장 한 장, 이파리 한 장 한 장이 더 자세히 보인다.

서리 내린 가지 위로 햇살이 비치는 모습이 너무 아름다워 눈을 뗄 수가 없다.

화단 만들 곳의 면적 재기

시든 가지 정리가 끝났으면 긴 줄자를 이용해 화단의 길이와 폭을 잰다. 만약 화단 모양이 원형이나 곡선 모양이라면 긴 끈 등을 이용한다.

식재도 그리기(봄·여름 화단)

봄 화단의 이미지 컬러는 노란색과 파란색 그리고 분홍색과 보라색이다. 물론 봄 화단에 빼 놓을 수 없는 흰색과 여름 화단의 하이라이트인 빨간색이 조금씩 들어가기는 하지만 아주 적은 양으로 포인트만 주었다. 노란색과 빨간색은 눈에 잘 띄는 반면 이미지가 강렬해서 자칫 하면 금방 싫증이 날 수도 있어서 양적인 조절이 필요하다. 활기를 불어 넣기 위해 아주 조금만 강조해 주는 것이 좋다.

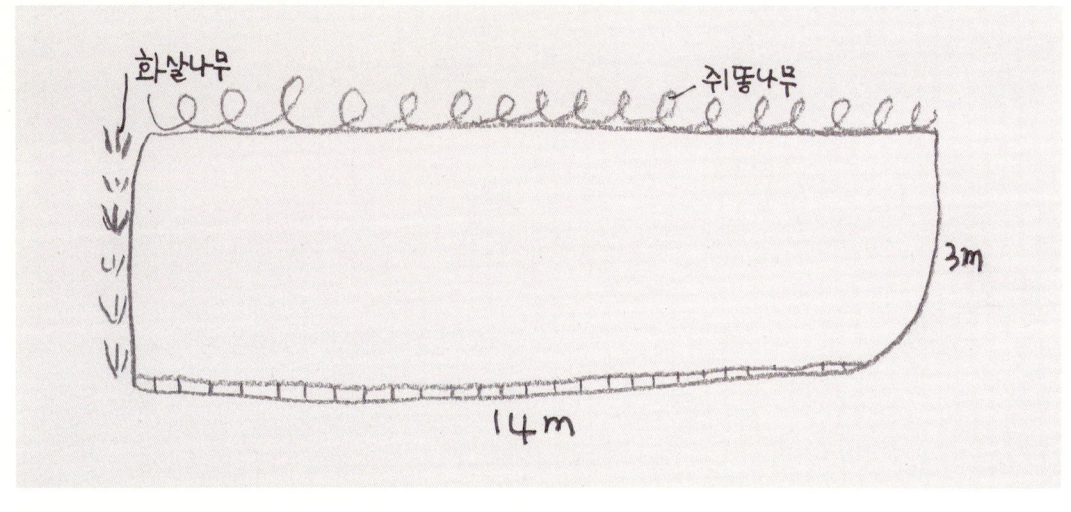

화단의 길이와 폭을 종이 위에 대략 그려 본다.

스케일에 맞게 흰 종이 위에 옮겨 그린다.

화단에서 표현하고 싶은 이미지 컬러를 정한다.

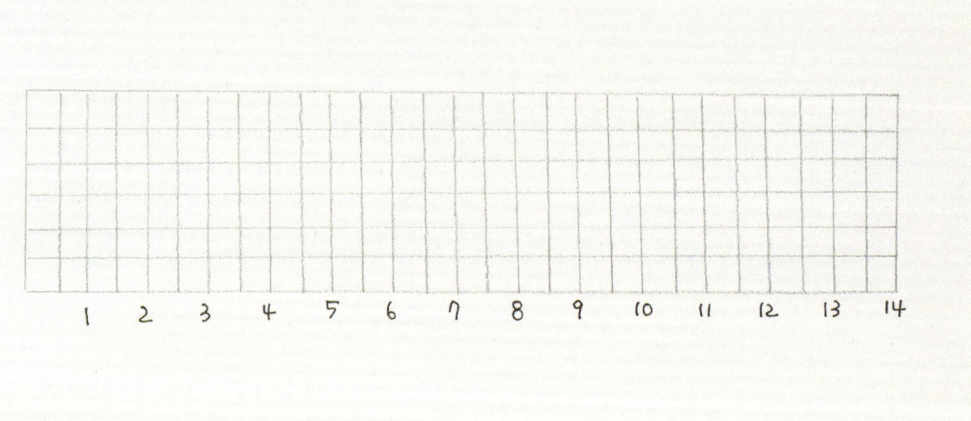

모눈종이에 다시 한번 스케일에 맞게 화단의 크기를 그려 넣는다. 가을 화단을 계획할 때는 봄에 그렸던 모눈종이 도면을 복사해 그 위에 가을 식재도를 그린다.

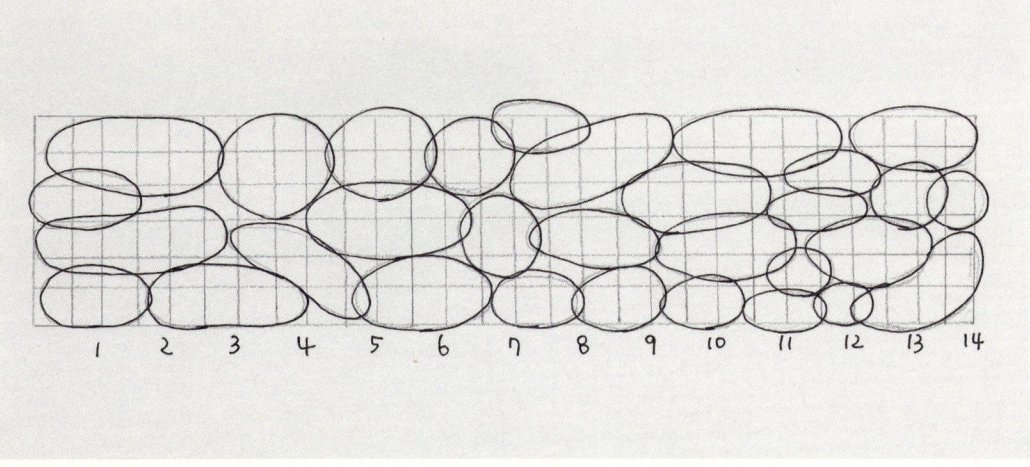

봄 화단에 심을 식물을 이미지 컬러에 맞게 고른 다음 식재 계획도를 그린다. 스케일이 1/100일 경우 우리가 일반적으로 쓰는 자 1센티미터가 현장에 나가면 1미터가 된다. 스케일 1/100 도면이 작아 그리기 어렵다면, 스케일 1/50로 하면 편하다. 스케일 1/50은 일반적으로 쓰는 자 2센티미터를 현장 1미터로 계산해서 도면을 그리면 된다. 스케일에 맞게 도면을 그리면 도면에 그린 넓이의 면적에 모종이 몇 개나 들어가는지도 계산할 수 있어 여러모로 편하다.

봄·여름 화단

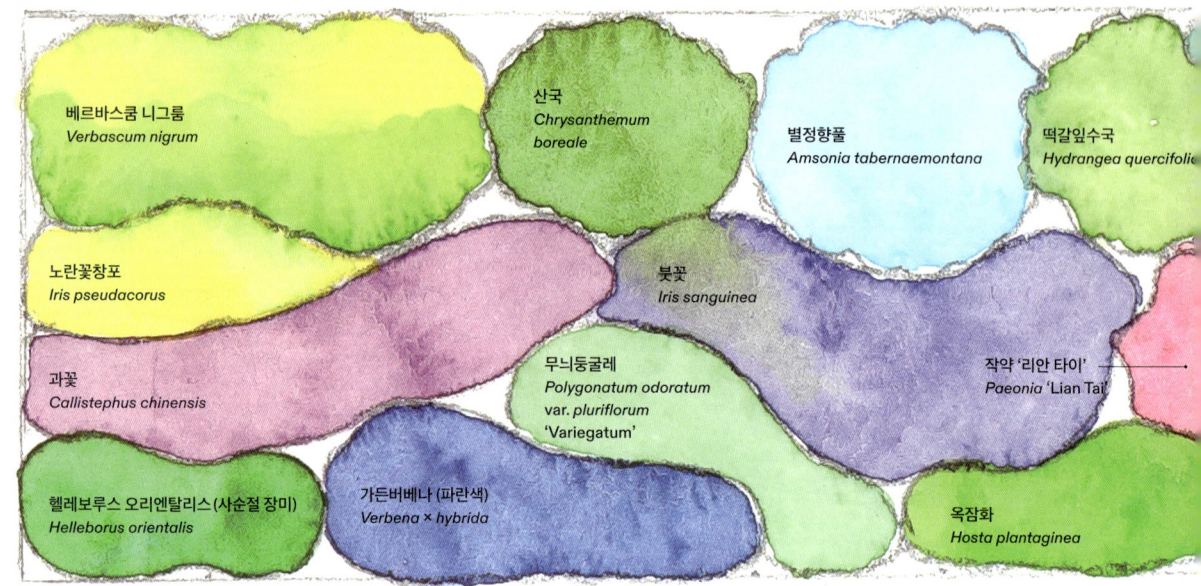

여름·가을 화단

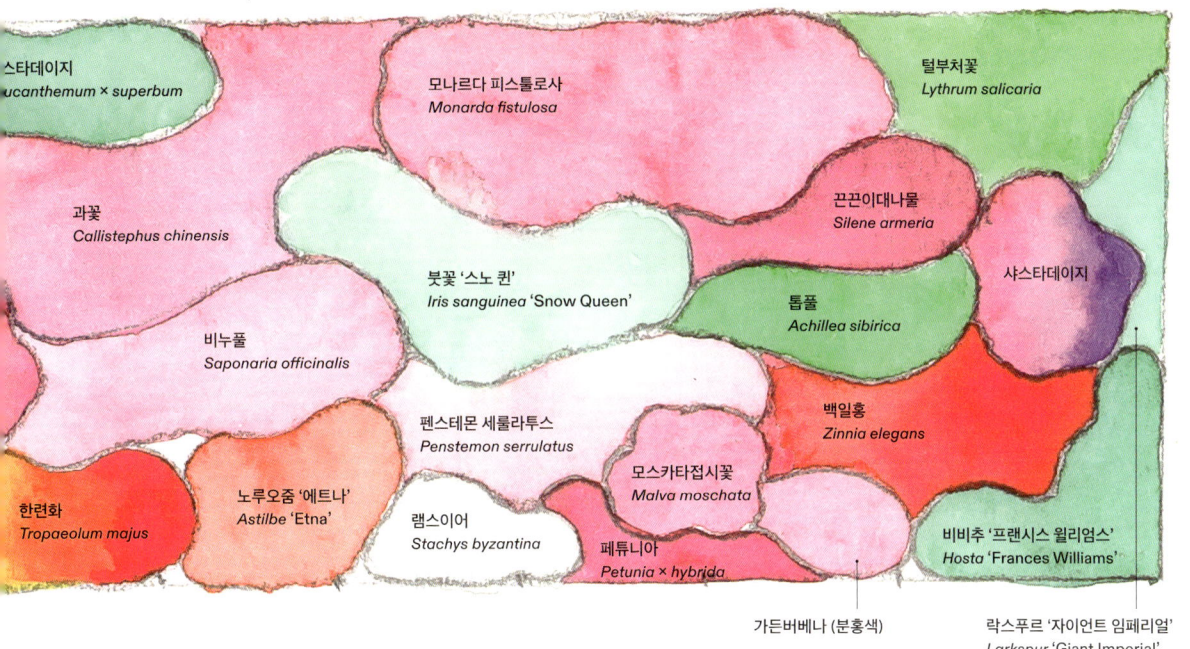

정면에서 바라본 화단 이미지(봄·여름 화단).

정면에서 바라본 화단 이미지(여름·가을 화단).

사진__studio H

> **거름 주고 뒤집은 후 구획 나누기**

시든 가지 정리와 봄 식재도가 완성되었으면 거름을 넣는다. 물론 거름내기를 하기 전에 토양 상태를 살펴본다. 포슬포슬 마른 상태의 흙에 살며시 내 몸을 실어 본다. 흙이 스펀지처럼 부드럽게 내려앉으면 일단 유기물은 충분하다고 보면 된다. 그렇지 않다면 산에서 긁어모은 부엽토나 나뭇잎 등을 넣어 준다.

2003년에 만든 학교정원 화단의 원래 사리는 자길이 깔려 있던 주차장이었다. 화단을 만들기 위해 포클레인으로 자갈을 걷어 내고 그 자리에 마사토를 깔았다. 앞에서도 이야기했듯이 마사토를 포슬포슬 좋은 흙으로 만들어야 식물이 잘 자랄 수 있기 때문에 정성을 들여야 한다.

우선 유기물을 넣어 준다. 부엽토가 가장 좋지만 구하기 어려우면 넓적한 나뭇잎(활엽수), 잘 부식된 콩이나 깻대 또는 깎은 잔디 잎이나 마른 풀도 좋다. 토양 속에 유기물이 많아야 미생물이 모여든다. 미생물이 모여든다는 것은 먹을 것이 많다는 의미이고, 적당한 서식 환경이 만들어졌다는 뜻이기도 하다.

한줌의 흙 속에는 지구에 사는 사람 수보다 훨씬 더 많은 미생물이 복잡한 생태계를 이루고 있으며, 지구상의 생명체 중 80퍼센트는 표토층에서 생의 한순간을 보낸다. 미생물들은 이 생명체들이 살아가기 위해 필요한 영양분을 제공하면서 순환의 고리를 만든다. 지구상에는 이처럼 눈에 보이지 않는 수많은 생명 덕분에 삶을 이어 가는 존재가 많다.

거름내기

미생물의 서식처가 잘 마련되었다면 다음으로는 식물에게 양분을 공급하기 위해 퇴비를 넣어 준다. 식물 중에는 스스로 공기 중의 질소를 토양 속에 고정해서 식물이 이용할 수 있게 하는 종류(콩과식물)도 있다. 하지만 식물 대부분은 채소만큼은 아니어도 어느 정도의 양분이 필요하다. 학교에서는 일반 채소에게 주는 양(1제곱미터에 9리터)의 약 3분의 1 정도만 넣어 준다. 단, 퇴비를 넣기 전에 석회를 먼저 넣어 흙과 섞어 놓는다. 토양 속 미생물들은 대부분 중성 토양을 좋아하기 때문에, 토양을 먼저 중성으로 만들어서 미생물들이 살기 좋은 조건을 만들어 주는 것이 중요하다. 그리고 나서 2주 정도 후에 퇴비를 넣는다.

석회는 기본적으로 토양산도를 알칼리성으로 바꾸어 주는 역할을 하지만, 그 이외에도 정말 훌륭한 일을 많이 한다. 우선 식물의 세포벽을 튼튼하게 한다. 세포벽이 튼튼하다는 이야기는 병을 옮길 수도 있는 나쁜 균들의 침입을 막을 수 있다는 의미다. 또 석회는 상처 난 부위를 빨리 아물게 한다. 균 대부분은 식물의 상처 난 부위로 침투해 병을 발생시키는데, 이를 빠르게 막아 주는 것이다. 석회는 가루로 뿌려도 되고 물에 타서 주어도 된다. 가루로 뿌린다면 어른 손 한 주먹 정도의 양을 쥐고 손을 뻗을 수 있는 만큼의 공간에 뿌려 준다. 보통 1년에 두 번(봄과 가을)이면 적당하다. 그밖에도 나뭇가지를 태운 재가 있으면 뿌려 준다. 칼륨 성분이 들어 있는 재는 광합성을 잘할 수 있도록 돕는다.

흙 뒤집기

거름을 골고루 뿌리고 나면 삽으로 흙을 뒤집고 레이크로 평평하게 해 준다. 만약에 삽으로 뒤집기가 힘들거나 시간이 없으면 이 작업을 생략해도 된다. 모종을 심을 때 어차피 호미로 땅을 파야 하니 퇴비를 뿌린 후에 모종을 바로 심으면 호미로 파는 과정에서 퇴비가 땅속으로 들어가게 된다.

구획 나누기

흙이 만들어졌으면 식물 심을 위치에 따라 구획을 나눈다. 구획을 나눌 때도 석회를 사용하면 좋다. 흙 속으로 들어가도 좋을 뿐만 아니라 흰색이라 확연하게 표가 나기 때문이다. 석회가 없으면 부엽토나 마른 흙, 밀가루 등을 써도 된다.

거름내기 전 이른 봄에 난 풀 뽑기

1. 시든 가지를 자르고 거름을 넣기 전에 우선 화단 곳곳에 난 풀들을 뽑는다. 쪼그려 앉는 자세는 무릎과 다리에 무리가 가기 때문에 가능하다면 무릎 보호대를 하고 작업하는 편이 좋다.

2. 무작정 풀을 뽑다 보면 땅에서 올라오는 숙근초의 싹을 자를 수도 있으니 눈에 띄는 색으로 표시한 나무 막대나 석회 등으로 포기 주변에 표시해 두면 안전하다.

3. 석회로 옥잠화가 있는 곳을 표시해 두었다.

4. 석회로 둥굴레 주변을 표시해 두었다.

거름내기

풀을 뽑고 난 후에 유기질 퇴비를 준 모습. 텃밭에 채소를 심을 때와 마찬가지로 식물 모종을 심을 때도 거름을 준다. 보통 1제곱미터에 약 9리터(한 양동이)를 기준으로 하지만, 토양 조건이 어느 정도 좋으면 1/2나 1/3 정도의 양만 넣어도 된다.

화단에 주기 좋은 퇴비로는 친환경 유박(오른쪽 포대)이 있다. 시중에서 파는 유기질 퇴비는 유기물은 많지만, 일반 축사에서 나오는 축분이 원료이기 때문에 토양이나 사람에게 그다지 좋은 퇴비는 아니다. 친환경유박은 기름을 짜고 남은 찌꺼기를 이용해서 만들고, 친환경으로 재배한 콩이나 유채 등의 식물이 원료이기 때문에 비교적 안심하고 사용할 수 있다. 또한 펠릿(주형틀을 이용해 기계로 압착해 성형한 사료나 제품) 형태로 되어 있어 뿌릴 때도 가루가 날리지 않아 작업하기 편하다.

친환경 유박을 뿌린 모습.

유기질 퇴비와 나뭇잎을 같이 뿌려 주었다. 나뭇잎 또는 부엽토를 넣어 주면 산에서 오랫동안 살아온 토착 미생물들이 번식하게 되고, 유기물이 풍부해지며, 토양 내 수분을 오랫동안 머금을 수 있어서 식물이 잘 자란다.

흙 뒤집기

1. 퇴비와 나뭇잎 뿌린 곳을 삽으로 뒤집는다.

2. 삽으로 뒤집기 어렵거나 흙이 부드러울 경우, 쇠스랑으로 가볍게 파 주기만 해도 된다. 쇠스랑은 자루가 길어서 서서 뒤집을 수 있기 때문에 무릎과 허리에 무리가 가지 않아 수월하게 작업할 수 있다.

구획 나누기

퇴비를 내고 흙을 뒤집은 후에 평평하게 골랐으면 식물 심을 자리를 표시한다. 종류별로 심을 넓이만큼 표시해 두는 것이 편하다. 이때 사용하는 흰색 석회는 산성 토양을 알칼리성으로 바꾸어 주는 역할을 하니 원예작업을 할 때 사용하면 좋다.

석회로 구획 나누기를 한 모습.

석회로 구획 나누기를 한 모습.

또 다른 방법으로는 땅에 나무 막대기 등을 이용해 선을 긋는 방법도 있고, 물뿌리개를 이용해 선을 따라 흙을 물로 적셔서 표시하는 방법도 있다.

모종 심기

간격

모종을 심을 때는 식물이 다 자랐을 때를 생각해서 간격을 잡는다. 모종일 때는 거의 다 같은 크기로 보이기 때문에 좁게 심는 경향이 있다. 모종을 심기 전에 원예도감이나 종묘상에서 나누어 주는 모종 판매용 카탈로그 등을 참고해서 다 자랐을 때의 키와 폭을 알아보아야 한다. 잎보다 꽃송이가 많은 팬지나 프리물라, 로벨리아의 경우는 10~15센티미터 간격이 적당하다. 반면 줄기가 뻗으면서 무성해지는 페튜니아는 20센티미터 간격은 되어야 한다. 그 이외의 초화류(여러해살이풀 포함) 대부분은 20~30센티미터 간격으로 심는 것이 기본이다.

화단이나 정원에 식물 모종을 심을 때는 각각의 식물이 옆으로 자라는 크기를 생각해서 간격을 둔다. 한해살이·두해살이 초화류와 여러해살이풀 대부분은 포기와 포기 사이 간격을 20센티미터 정도로 심는다. 해바라기처럼 잎이 크거나 한련화처럼 옆으로 뻗으며 자라는 식물들은 30센티미터 정도 띄워서 심는 것이 좋다.

줄과 줄 사이의 간격도 포기 간격과 같이 벌리면 된다. 간격의 길이를 잴 때는 자를 이용하기도 하지만 일일이 들고 다니기 어렵기 때문에 작업하는 사람의 손 길이를 재 두면 좋다. 성인 손을 쫙 펴면 대량 20센티미터 전후가 된다. 발의 크기나 손에서 팔꿈치 길이, 한 걸음 걸었을 때의 길이 등을 평소에 알아 두면 정원 일을 할 때 편리할 때가 많다.

지그재그 심기

여기서 말하는 간격은 모종 중심으로부터 다음 모종 중심까지의 거리를 말한다. 간격이 정해졌으면 모종을 심기 전에 각각의 위치에 모종을 놓아 본 후에 심는다. 모종은 간격을 맞추어 지그재그로 놓는다. 이 방법으로 심으면 바람과 햇빛이 사이사이 공간으로 잘 들어간다. 또 모종이 적게 들어가면서도 흙이 드러나지 않게 꽉 채울 수 있으며, 하나하나의 모종이 필요로 하는 공간을 끝까지 유지하면서 식물이 자랄 수 있게 한다.

간격이 정해졌으면 심을 자리에 먼저 모종을 꺼내 놓는다. 모종을 꺼내면서 바로 심으면 줄 간격을 맞추기 어렵고 잘못 심었을 경우 뽑았다 다시 심어야 하는 경우도 생겨 번거롭다. 가능하면 지그재그로 배치해서 하나의 포기가 충분하게 공간을 차지할 수 있도록 한다.

모종 놓기가 끝났으면 호미나 모종삽을 이용해 심는다. 넓은 면적이나 한 줄로 바르게 심어야 하는 곳에서는 대나무나 줄자 등을 이용하면 편하다.

모종의 수량은 넓이에 따라 다르지만 되도록 홀수가 되도록 해서 다 자랐을 때도 빈자리가 생기지 않게 해주는 것이 좋다.

말린 뿌리 자르기와 모종 심기

모종을 심을 위치에 놓았다면 손으로 포트를 들고 뒤집는다. 이때 식물체 중심을 검지와 중지 손가락 사이에 끼우고 뒤집으면, 화분의 흙을 손바닥으로 감쌀 수 있다. 그 후에 한 손으로는 포트를 잡고 다른 한 손으로는 포트 끝을 조물조물 만지작거린 다음 포트를 빼내면 쉽게 식물이 빠진다. 화분을 빼고 나면 뿌리 상태를 한눈에 볼 수 있다. 식물체의 크기가 심기 적당하면 뿌리 상태도 적당하게 뻗어 있을 것이다. 하지만 그렇지 않은 경우가 대부분이다. 특히 시중에서 사서 심는 모종은 어느 정도 키워서 보기 좋은 상태에서 팔기 때문에 거의 100퍼센트에 가까운 식물의 뿌리가 엉켜 있을 것이다. 이런 상태를 '뿌리 말림 현상'이라고 한다. 뿌리가 뻗을 공간이 부족하다 보니 포트 안에서 계속 빙글빙글 돌아가며 뿌리를 뻗어 그물 매트처럼 되어 버린다. 화단에 모종을 심을 때는 이 뿌리를 떼어 내거나 끊어 주어야 한다. 그대로 심어 버리면 화단에 심고 나서도 잔뿌리가 나오지 못해 한동안 모종이 크지 못한 채로 그대로 있게 된다. 또 뿌리가 한동안 자라던 방향으로만 뻗으려고 해서 지상 위 식물체가 균형 있게 자라지 못한다.

지그재그로 놓은 모종의 모습.

위 모종을 심기 위해 포트에서 모종을 빼낼 때에는 한 손으로는 모종을 감싸고 다른 한 손으로는 포트의 아랫부분을 조물조물 만져 주면 잘 빠져 나온다.

아래 화단에 아주심기할 정도로 큰 모종들은 대부분 사진에서 보는 것같이 포트 아래쪽에 뿌리가 몰리면서 돌돌 말려 있는 경우가 많다. 이 경우에는 뿌리를 잘라 내거나 뜯어 내야 새로운 뿌리가 빨리 나온다. 이렇게 해 주지 않고 그냥 심으면 한동안은 지금의 뿌리 방향대로 뻗어 나가기 때문에 흙 위로 나와 있는 잎이나 줄기도 그대로 성장이 멈춘 것처럼 보인다.

뿌리 자르기

방법 1
1. 포트에서 빼낸 모종을 두 손으로 잡고 반을 가른다.
2. 반으로 가른 모종을 90도 회전시킨 후에 다시 한번 반으로 가르면 십자(+) 모양으로 뿌리가 잘린다. 이때 조심할 부분은 모종에서 흙이 많이 떨어지지 않도록 손에 힘을 너무 많이 주지 않는다. 이 작업은 모종이 너무 마르지 않은 상태에서 하는 것이 좋다.

방법 2

1   포트에서 모종을 빼낸다.
2   아래쪽에 심하게 말려서 덩어리진 뿌리들만 손으로 잡아당겨서 떼어 낸다.
3   엉킨 뿌리를 떼어 내고 난 다음, 남아 있는 길고 굵은 뿌리들도 조금 더 정리한다.
4   이 상태로 심으면 된다.

방법 3

1. 포트에서 모종을 꺼낸 후에 모종삽 손잡이와 가까운 쪽의 뾰족하고 날카로운 끝을 이용한다.
2. 모종삽의 뾰족한 끝을 모종의 위에서 아래로 긁어내리면서 아래쪽에 말려 있던 뿌리들을 잘라 낸다. 같은 방법으로 모종을 돌려가면서 서너 번 반복한다.
3. 모종삽으로 잘라 낸 후에 손으로 엉켜 있던 뿌리를 떼어 낸다.
4. 정리가 끝났으면 이대로 심는다.

방법 4

1. 포트에서 모종을 꺼내 옆으로 눕힌다.
2. 모종삽을 옆으로 세워서 말려 있는 뿌리를 위에서 아래로 자르며 내려온다.
3. 오른손에 힘을 주면서 아래까지 잘라 낸 후 심는다.

모종 심기

1 화단에 심을 식물 모종을 옮기고 간격에 맞게 놓는다.
2 양 옆으로 아래 위로 빈 공간 없이 간격을 맞추어 나간다.
3 모종을 다 놓았으면 다시 한번 점검한다.
4 모종 배치가 다 끝난 모습.

5 모종 심을 곳에 포트 크기만큼 흙을 파낸다.
6 구덩이에 물을 가득 채운다.
7 물이 충분히 스며들 때까지 기다린다.
8 모종을 올려놓고 두 손으로 꾹 눌러 준다.

흙으로 덮고 다시 한번 꾹 눌러 준다.

큰 화분의 경우는 화분을 옆으로 눕힌 상태에서 한 손으로는 화분을 굴리고 다른 손으로는 주먹으로 화분을 살살 두드린다.

두드리기가 끝났으면 한 손으로는 손가락을 벌려 모종 사이사이에 넣고 받치고, 다른 한 손으로는 화분 아래를 잡는다.

화분을 거꾸로 든 다음 화분을 잡고 힘을 주며 들어 올린다.

식물을 받치고 있는 손에 힘을 주면서 화분을 완전히 빼낸다.

화분에서 빼낸 모종의 모습.

모종 심을 곳에 삽으로 구덩이를 판다.

모종을 구덩이에 넣고 줄기와 잎이 상하지 않도록 안으로 모은다.

모종 주변으로 흙을 채워 넣고 꾹꾹 눌러 준다.

간격에 맞게 잘 심은 모종의 모습.

모종 심기가 거의 끝난 화단 전체의 모습.

멀칭하기와 물 주기

모종을 심고 나면 바로 해 주어야 할 일이 바로 멀칭(mulching, 토양의 표면을 덮어 주는 일)이다. 맨 위 흙이 햇빛에 드러나면 표면이 잘 마르기 때문에 물을 자주 주어야 한다. 번거롭기도 하지만 요즘같이 가물고 물이 귀할 때는 최대한 자연의 이치를 따르는 것이 현명한 일이다. 모종을 심을 때 구덩이에 물을 주고, 심은 후에 멀칭을 잘해 주면 한동안 물 주는 일을 잊고 있어도 된다. 멀칭은 흙의 수분을 유지함과 동시에 미생물들에게도 서식처를 제공하는 역할을 한다. 미생물들은 그늘지고 수분이 어느 정도 있는 상태에서 살 수 있기 때문이다. 모종을 심고 나서 열흘이나 보름 이내에 비가 오지 않으면 그때는 물을 주어야 한다. 물을 주는 시간은 오전 10시 이전이나 오후 5시 이후가 좋다. 한낮에는 식물도 광합성을 충분히 해야 양분을 만들 수 있으니 방해하지 않는 것이 좋다.

① 모종 심기가 끝났으면 흙이 보이지 않도록 모종 주변 멀칭을 해 준다. 멀칭을 해 주면 흙이 잘 마르지 않고 풀도 잘 자라지 못한다. 또 그늘이 생기기 때문에 토양 속 미생물들이 살기 좋은 환경이 되면서 식물들이 잘 자란다.

② 잔디를 깎은 후 하루 정도 지난 다음 긁어모아 멀칭 재료로 쓴다. 하루 정도 지나면 잎이 살짝 마르면서 가벼워져서 옮기기도 편하다. 잔디 잎에는 섬유질이 많아서 멀칭 후에 토양 속으로 들어가면 토양 내 유기물이 풍부해진다. 그렇게 되면 흙이 부드러워지고, 미생물들의 먹이가 공급되며, 식물 뿌리가 골고루 뻗어 나갈 수 있는 환경이 만들어진다.

나뭇잎도 훌륭한 멀칭 재료가 된다. 가능하다면 크고 넓적한 나뭇잎을 모아 모종 주변에 덮어 준다.

나뭇잎이 겹겹이 붙어 있지 않도록 흩어 주면서 골고루 펴 준다. 겹겹이 붙으면서 쌓이게 되면 비가 오거나 물을 줄 때 흙까지 물이 흘러서 들어가지 못하는 일이 생기기 쉽다.

깎은 잔디 잎과 나뭇잎으로 멀칭을 마친 모습.

나뭇잎의 경우 바람이 불면 날아가기 때문에 주변에서 주운 나뭇가지 등으로 눌러 주면 좋다.

멀칭이 잘 되었는지 다시 한번 꼼꼼하게 살핀다.

화단 전체에 멀칭이 끝난 모습.

멀칭이 끝났으면 위에서 물을 한 번 더 주고 마무리한다. 모종을 심기 전에 주기는 했지만 멀칭하면서 모종이 밀려 나가거나 구덩이가 파이는 경우가 간혹 있기 때문이다.

봄·여름 화단

6월 버베나(*Verbena*)의 꽃이 피었다.

파란색 버베나꽃과 분홍색 페튜니아꽃 사이에 은색의 램스이어가 있어 두 색상을 잘 어우러지게 해 준다.

7월 화단의 모습. 톱풀과 백일홍의 꽃이 조화를 이루며 피어나고 있다.

6월 9일경 화단 전체 전경.

풀 뽑기, 순지르기 등의 정원 관리

정원 일의 즐거움은 지금부터 시작이다. 화단에 모종 심기까지 끝났으면 이제 본격적으로 관리에 들어간다. 식물의 잎과 줄기가 뻗어 나오고 꽃이 피는 과정을 볼 수 있다는 것은 정말 큰 행운이다. 정원사가 씨를 뿌리고 화단에 모종을 심으면 그 다음은 햇빛과 바람이 다가와 그들을 키워 낸다. 정원 일의 묘미는 바로 이런 신비로움을 보고 느끼며 감사하는 일이 아닐까 싶다. 이 아름다운 정원을 계속 보기 위해서는 자연과 함께 정원사가 해야 할 일이 몇 가지 있다. 농사도 그렇지만 정원은 나의 노력과 정성에 신뢰로 보답한다.

풀 뽑기

정원 관리 중 가장 중요한 일은 풀 뽑기일 것이다. 화단에 올라오는 풀들을 잘 뽑아 주어야 식물이 잘 자라고 꽃을 피울 수 있다. 이른 봄부터 5월 말까지는 풀들의 세력도 약한 편이라 일이 많지 않지만, 논과 밭에서 일을 해야 하는 6월이 되면 마음은 화단에 있지만 몸은 마늘밭 양파밭에 가 있다. 어느 일이 더 중요한지 따지기 전에 먹고 살아야 하는 쪽에 마음이 더 쓰이는 것은 어쩌면 당연하다.

밭일과 논 김매기가 끝날 무렵이 되면 화단은 풀밭이 되고야 만다. 아무래도 야생성이 강한 풀들이 화단의 식물들을 제치고 하늘과 더 가까운 위치로 올라와 있다. 우리나라는 사계절이 뚜렷해서 그런지 풀 종류도 참 많다. 게다가 이런 풀 중에는 먹을 수 있는 것도 많아서 나물로도 이용된다.

어떤 풀들은 꽃이랑 잎이 예뻐서 일부러 남겨 두기도 한다. 정원사마다 관점의 차이가 있겠지만, 나는 그렇다. 예를 들어 괭이밥이나 큰개불알풀, 개망초, 쇠비름 등은 화단 곳곳에 남겨 놓으면, 모종으로 심어서 꽃을 피운 식물들과 잘 어울린다. 꽃이 덜 자란 빈자리에 자라고 있으면 어떨 때는 반갑기까지 하다. 하지만 소리쟁이나 박주가리 같은 풀들은 너무 크게 자라기도 하고 번식력이 강해서 보는 즉시 뽑아 주는 것이 좋다. 화단에 자라는 식물만큼이나 풀들도 관찰하고 관심을 기울이면 아름다움을 발견할 수 있다.

위 정원사에게 여름은 풀과 싸우는 계절이다. 특히 농사를 지으며 정원을 가꾸는 사람에게는 더더욱 그런 것 같다. 장마 전에 감자랑 양파, 마늘을 캐고 나서 다음 작물인 들깨랑 메주콩을 심고 있노라면 풀로 가득한 정원을 보며 마음만 아파할 뿐 앉아서 풀을 뽑아 낼 엄두조차 내지 못한다. 무성한 풀을 보고 그냥 지나쳐야 하는 순간도 시골 정원사에게는 마음 수련 같다는 생각을 가끔 한다. 사진은 2017년 7월 19일의 화단.

아래 며칠 동안 벼르고 벼르다 오늘은 풀 뽑기의 날로 정하고 낫과 전정가위, 삽을 들고 정원으로 나갔다. 풀이 너무 자랐기 때문에 한해살이풀들은 낫으로 자르고, 소리쟁이처럼 뿌리가 굵고 큰 풀들은 삽으로 뿌리까지 뽑아 내고, 오리새(*Dactylis glomerata*, 오차드그라스)처럼 낫으로 자르면 계속해서 잎이 나오는 풀들은 제초용 짧은 낫으로 뿌리를 끊어 낸다.

풀 대부분은 낫으로 잘라 내지만, 꽃이 진 꽃대나 가지 등은 전정가위로 잘라 낸다. 낫을 들지 않은 다른 한 손은 가죽장갑을 끼는 것이 좋다. 아무리 능숙한 정원사라고 해도 굵은 가지나 돌에 낫이 튕겨 올라오면 속수무책으로 베이고 만다. 언제나 안전을 최우선으로 생각해야 한다.

낫으로 잘라 낸 풀들은 훌륭한 멀칭 재료가 될 수 있다. 단, 이미 풀씨가 맺힌 것들은 골라 내 퇴비장으로 옮겨서 다시 풀이 올라오는 것을 막는다.

풀을 뽑다 보면 이렇게 하트 모양을 한 잎과 귀여운 연노란색 꽃을 피우는 괭이밥(*Oxalis corniculata*)을 발견하게 된다. 모종으로 일부러 심지는 않지만, 다른 식물과도 잘 어울려서 그대로 두기도 한다.

꽃이 오그라든 괭이밥 옆으로 붉은색 줄기에 주걱 모양 잎을 달고 있는 쇠비름(*Portulaca oleracea*)이 보인다. 잔디와 경계를 만들기 위해 박아 놓은 벽돌을 자연스럽게 타고 넘으며 딱딱한 경계선을 유연하게 해 준다.

위 그 어떤 풀보다 예쁘고 오래 가는 꽃을 피우는 개망초(*Erigeron annuus*). 일제강점기에 들어 온 식물이라 붙은 이름이지만 북아메리카 원산의 귀화식물이다. 꽃이 핀 모양이 계란프라이 같다고 '계란꽃'이라 부르기도 한다. 어릴 때 논과 밭에 지천으로 피어난 개망초꽃을 무척이나 좋아했던 기억이 있다. 일하고 돌아오는 날에는 개망초 꽃다발을 만들어 집으로 돌아왔던 추억도 있다. 그래서 그런지 화단에서 개망초꽃을 발견하면 반갑고 풀을 뽑다가도 슬쩍 지나치게 된다. 장마 때문에 일조량이 적어 꽃이 잘 피지 않는 초화류 화단에 피어나면 더없이 반갑다.

아래 무더운 여름 톱풀의 흰색 꽃 사이로 올라온 진갈색 줄기와 진녹색 잎을 가진 쇠무릎(*Achyranthes japonica*)이 잘 어울린다. 이 식물도 잡초 취급을 받기도 하지만 줄기의 색깔과 잎이 중후한 맛이 있어 화단의 분위기를 차분하게 가라앉혀 주는 역할을 한다. 늦가을부터 겨울 사이에도 노란빛으로 말라 가는 가지가 겨울정원에서 한몫을 해서 그대로 두고 싶은 풀 중에 하나다.

정원에 어울리는 많은 풀 중에 단연 손꼽을 만한 풀은 강아지풀(*Setaria viridis*)일 것이다. 갈대나 억새처럼 가늘고 긴 잎이 뻗어 나와 바람에 흔들리는 모습이 일품이기도 하지만, 여름부터 가을까지 피어나는 꽃이 귀엽고 보드라워 보기만 해도 기분이 좋아진다. 또 가을 들녘에 노을이 물들 때면 붉은빛이 도는 갈색 줄기와 꽃이 그 어떤 식물보다 아름답다.

어느새 사람 키만큼 자라난 소리쟁이(*Rumex crispus*). 서너 포기만 모여도 그 모습이 웅장하고 열매가 예뻐서 원예종으로 개발된 품종이 있을 정도다. 하지만 화단 한 가운데에 2~3년 지난 포기들이 있으면 자리를 많이 차지하고 씨가 떨어지면 정원 전체가 소리쟁이밭이 될 위험이 있어, 열매가 달리기 전 혹은 익기 전에 캐내는 것이 좋다.

봄이 되면 가장 먼저 꽃을 피우는 큰개불알풀(*Veronica persica*)의 꽃이다. 2월 말부터 무리지어 피어나는 모습이 어느 멋진 정원의 식물보다 더 아름다울 때가 있다. 꽃 색깔도 흰색이 들어간 은은한 물빛이라 모든 식물의 꽃과 잘 어울린다.

소리쟁이의 뿌리는 굵고 깊게 땅속으로 뻗어 가기 때문에 삽을 이용해 뿌리가 잘리지 않게 캐낸다. 혹시라도 뿌리가 끊겨 땅속에 남아 있으면 그곳에서 다시 새순이 나온다.

정원에는 남겨 놓으면 좋은 풀이 있기도 하지만 뿌리째 뽑아내야 다른 식물에게 피해를 주지 않는 풀도 있다. 예를 들어 뿌리가 너무 많이 땅속으로 뻗어 다른 식물을 자라지 못하게 하는 쑥이나 덩굴을 감고 올라가며 식물의 성장을 방해하는 박주가리, 한번 자리를 잡으면 터줏대감이 되어 땅속 양분을 모두 빨아 먹어 척박하게 만드는 오리새 등이 그렇다.

뿌리째 뽑아내야 하는 풀들은 제초용으로 나온 날이 짧은 낫을 이용한다. 날카로운 날을 땅속으로 집어넣으면서 뿌리를 끊어 내면 더 이상 자라지 못한다.

금세 손수레에 하나 가득 담긴 풀. 정원사에게 김매기는 어렵기도 하지만 식물을 잘 관찰할 수 있게 해 주는 고마운 일이기도 하다.

> **시든 꽃 따 주기**

꽃을 오랫동안 계속 보고 싶다면 부지런히 해 주어야 할 일이 있다. 바로 시든 꽃을 따 주는 일이다. 아무리 예쁜 꽃들이 활짝 피어 있다고 해도, 그 주변에 진 꽃잎들이 그대로 있다면 화단 전체가 지저분해 보인다. 나는 정원 관리 중에 가장 손이 많이 가는 작업 중 하나가 바로 시든 꽃을 따 주는 일이라고 생각한다. 따로 시간을 내도 좋고, 오며 가며 보이는 대로 따 주어도 좋다.

식물의 꽃 대부분은 꽃잎 바로 아래 씨주머니가 있기 때문에 나중에 씨를 받고 싶으면 꽃잎만 조심스럽게 따고, 그렇지 않다면 꽃송이째 따 버려도 된다. 국화과식물의 꽃은 워낙 씨가 많이 맺히기 때문에 몇 송이만 남겨 놓고 꽃자루 부분까지 잘라 내는 것이 더 깔끔할 수 있다. 시든 꽃 따 주기는 화단을 깨끗하게 유지해 주기도 하지만, 곁가지에서 나오는 새순에서 또 꽃을 피우게 하는데도 도움이 되기 때문에 오랜 기간 꽃을 볼 수 있게 해 준다.

붓꽃이 지고 나면 씨주머니 위쪽의 꽃잎을 따 준다.

수선화는 꽃이 지고 나도 열매를 맺지 않기 때문에 꽃잎만 따 내도 되고 동그란 씨주머니도 떼어 내도 된다. 수선화는 꽃이 질 때 유난히 지저분한 느낌이 들기 때문에 각자의 취향에 맞게 알맞은 시기에 시든 꽃을 따 준다.

국화과식물의 꽃은 씨도 많이 맺고 대부분 잘 여물기 때문에 씨를 받지 않는 경우라면 가능한 한 빨리 따 주는 것이 좋다.

샤스타 데이지는 꽃대가 긴 편인데, 꽃이 지고 나면 질겨서 손으로 줄기까지 자르기가 쉽지 않다. 전정가위를 이용해 아래쪽 잎이 있는 부분까지 잘라 낸다.

다알리아의 시든 꽃은 손으로 쉽게 딸 수 있지만, 꽃을 따 주면서 순지르기까지 할 생각이라면 전정가위로 아래쪽 새로 나오는 잎이 보이는 곳까지 깊게 잘라 주면 좋다.

국화과식물의 꽃들은 꽃 피는 시기가 길기 때문에 시든 꽃이 보이면 바로바로 따 준다.

장미꽃이 한창 피었다가 지는 7월이 되면 시든 꽃을 따 준다. 꽃봉오리에서 아래쪽으로 내려오다 보면 첫 번째 마디가 보이는데, 바로 그 마디를 엄지로 밀고 검지와 중지로 받치는 느낌으로 꺾으면 뚝 부러진다. 이렇게 시든 꽃을 따 주면 10월에 다시 활짝 핀 장미꽃을 볼 수 있다.

한 손 가득 따 낸 시든 꽃들.

> 순지르기

순지르기라는 말은 보통 채소를 키울 때 많이 쓴다. 토마토 곁순이나 오이, 수박, 참외 등 덩굴을 뻗는 열매채소류의 곁순을 지를 때 쓰이는데, 초본류를 키울 때도 많이 쓴다. 국화가 대표적이다. 국화는 꽤 어린 모종일 때부터 순지르기를 해서 가을에 수십 수백 송이의 꽃을 피우게 한다. 국화뿐만 아니라 백일홍, 마리골드, 살비아, 페튜니아, 바질 등도 순지르기를 해 주면 가지를 더 많이 뻗어 더 많은 꽃을 볼 수 있다. 순지르기는 모종이 어릴 때 하기도 하지만 어느 정도 큰 상태일 때 하기도 한다. 그럼 가지도 단단해지기 때문에 버리지 말고 꺾꽂이(삽목)를 하면 다시 심을 수 있다. 꺾꽂이는 초화류뿐만 아니라 나무 특히 화목류(키가 작으면서 꽃이 많이 피는 종류의 나무) 번식에서도 널리 활용되고 있는 방법이다.

다알리아의 순지르기. 6월 장마와 7월 한여름을 지나고 나면 눈에 띄게 약해진다. 사진은 2000년 8월 22일의 모습으로, 전정가위로 식물체의 3분의 1 정도만 남기고 줄기를 잘라 냈다.

상태가 좋지 않은 줄기를 자르다 보면 아래쪽에서 올라오고 있는 새순을 볼 수 있다.

시든 가지를 잘라 낸 후 2000년 10월 17일의 모습. 다알리아처럼 곁순이 많이 나오는 식물들은 1년에 한두 차례 순지르기해 주면 가을에 더 오랫동안 생생한 꽃을 볼 수 있다.

11월 중순에 뿌린 스위트피(*Lathyrus odoratus*)가 벌써 곁가지를 만들어 내고 있다. 사진은 2000년 12월 9일의 모습.

아래쪽에서 나온 곁순 두 가지만 남기고 가운데 가지를 반 정도 잘라 낸다. 그러고 나면 남겨진 가지에서 곁가지를 계속 만들어 내면서 2월 말 밖에 아주심기할 때쯤이면 포기가 풍성해진다.

위 백일홍은 여름을 대표하는 식물이다. 한여름까지 무성하게 자라면서 피워 낸 꽃들이 시들기 시작하면 포기 전체의 반 정도를 과감하게 잘라 낸다. 처음에는 안쓰럽지만, 점점 곁가지가 나오면서 금세 또 꽃을 피우기 시작해 12월까지 풍성하게 꽃을 피운다.

아래 순지르기 하면 오랫동안 꽃을 피우는 대표적인 식물이 바로 페튜니아다. 내가 원하는 위치에서 가지를 잘라 내면 어김없이 새로운 순이 나오면서 꽃을 피운다. 페튜니아는 줄기가 계속 뻗으면서 한 송이씩 꽃을 피우고 씨도 많이 맺기 때문에 너무 늦지 않게 가시를 잘라 주기나 씨송이를 떼어 내면 그만큼 오랫동안 많은 꽃을 볼 수 있다. 페튜니아는 관리만 잘 하면 1년 내내 꽃을 볼 수 있는 멋진 식물이다.

> 씨 받기

모든 생명이 그렇듯, 꽃은 자신의 할 일을 다 하고 나면 씨를 남긴다. 이는 자연의 순리에 따르는 일이기도 하다. 우리가 아는 꽃을 피우는 식물의 대부분은 씨를 받을 수 있다. 꽃이 지고 나면 상상할 수 없을 정도로 다양한 모양의 씨주머니를 볼 수 있다. 양귀비나 붓꽃, 백합의 씨송이는 그 자체가 꽃보다 더 우아하다. 그래서 꽃이 지고 난 후에도 1년 내내 그대로 두기도 한다.

이들 씨주머니는 씨가 여물면 끝이 저절로 벌어진다. 그럼 가지를 잡아당기고 아래에 통을 대고 살살 흔들면 씨가 우수수 쏟아져 나온다. 그러고 나서 다시 가지를 놓으면 원래 위치로 돌아간다. 씨주머니와 함께 잎에 물이 들면서 식물은 가을을 알리고, 겨울을 맞이한다. 씨를 받는 일은 재미있기도 하지만 경제적으로도 많은 도움이 된다. 또 꽃씨가 필요한 이들과 나눌 수 있어 좋다.

간혹 씨가 땅에 떨어져 싹을 틔우기도 한다. 이때는 그대로 두었다가 어느 정도 크면 옮겨 심어서 모종을 만들어도 되고, 그 자리에서 크게 키워 꽃을 피우게 해도 된다. 베르바스쿰(*Verbascum*)이나 붓꽃 같은 경우에는 씨가 작기도 하지만 많기도 해서 그 자리에서 새싹을 많이 볼 수 있다. 여름에 씨가 여물어 떨어지면 본엽이 대여섯 장 된 상태로 겨울을 나고, 이듬해 제법 커진 후 다음 해에 꽃이 핀다. 일일이 씨를 받아서 키우기가 힘들면 이렇게 자연 상태에서 일어나는 번식 방법을 따르는 것도 좋다. 농사와 정원 일을 같이 하는 곳이라면 더욱 편리한 방법이다.

위 씨가 여물고 있는 자주천인국(*Echinacea purpurea*, 에키나시아)의 뾰족뾰족한 씨주머니가 마치 고슴도치 같다.

아래 씨가 여물어 씨주머니가 이미 터진 패랭이. 씨가 아래로 쏟아지지 않도록 조심하면서 가위로 꽃대를 잘라 낸다.

씨를 받으면 식물의 이름과 씨를 받은 날, 장소, 씨를 받은 사람의 이름 등을 상세하게 적어 둔다.

학교 정원에서 받은 씨. 요즘 화원에서 모종으로 사는 식물은 원예종이 많아 씨를 맺지 않는 것들이 많지만, 숙근초의 경우는 대부분 씨를 맺기 때문에 일단 받아서 씨를 뿌려 보면 좋다.

씨를 받아 잘 말려 깨끗하게 선별한 후에는 지퍼백이나 종이봉투 또는 유리병이나 플라스틱병 등에 담아 냉장고에 보관한다. 꼭 냉장고가 아니어도 되지만 씨를 충분히 말리지 않고 상온에 두면 곰팡이가 생기기도 하니 가끔 확인하는 것이 좋다.

베르바스쿰 니그룸(*Verbascum nigrum*)의 씨를 받지 않고 그대로 두었더니 땅에 떨어져 싹이 났다. 모종의 간격을 보고 군데군데 솎아 내서 옮겨 심어 주면 좋다. 자연이 하는 일은 모두 위대하다.

> 화분을 이용한 미니 화단 만들기

다양한 형태의 화단들이 모여 하나의 정원을 이룬다. 거기에 다양한 조형물이 어우러지면 안정감은 배가 된다. 풀무학교 정원에는 학생들이 만든 의자나 그네가 곳곳에 놓여 있고, 매일 오후 실습을 나가기 전에 모이는 소나무 아래에 놓인 의자 뒤로는 전달사항이나 나누고 싶은 시 등을 적어 놓는 게시판이 있다. 보통은 게시물을 적는 칠판만 설치하는데, 몇 해 전 영국 정원에서 보았던 게시판이 생각나서 칠판 아래에 식물을 심을 수 있도록 미니 화분을 만들었다. 게시판 크기에 맞게 만들다 보니, 뿌리가 뻗을 공간이 좁아지기는 했지만, 한해살이 초화류 정도면 충분히 자랄 수 있는 정도로는 만들어졌다.

　　물 주는 일이 좀 귀찮기는 하지만 매일 모이는 공간에서 꽃을 볼 수 있다는 생각에 즐겁게 관리하고 있다. 화분 역시 자주 식물을 바꾸기는 어렵기 때문에, 꽃이 오래 피면서도 튼튼하고 건조에 강한 페튜니아나 버베나를 심었다. 꽃 색깔은 언제 보아도 질리지 않는 분홍색이 주를 이루고, 분홍색과 가까운 보라색 꽃을 피우는 버베나를 심어 조화로운 색 조합을 표현하고 싶었다.

학교 정원에 있는 게시판. 앞쪽에는 같이 나누면 좋을 만한 시나 문장을 쓰고 뒤쪽에는 그 주에 할 실습 내용을 기록하기 위한 용도로 만들었다. 게시판 아래에 기다란 화분을 만들어서 꽃을 볼 수 있는 식물을 심을 수 있게 했다.

화분이 깊지 않기 때문에 약간의 흙을 넣고 골고루 펴 준다.

거름이 되는 친환경 유박을 넣어 준다.

호미로 긁어 주면서 흙과 잘 섞이도록 한다.

간격을 맞추어 가면서 모종을 넣어 준다.

모종 주변으로 흙을 채워 넣는다. 공간이 좁기 때문에 흙을 다 넣고 나서 손가락으로 꾹꾹 눌러 주면서 빈틈없이 채운다.

흙 표면을 바크(나무껍질을 잘게 부수어 만든 재료)로 덮어 준다. 흙이 빨리 마르지 않게 하며 물을 줄 때 흙이 튀어 올라 꽃잎에 닿는 것을 방지할 수 있다. 덮어 주면 풀도 적게 올라온다.

물을 흠뻑 준다.

모종 심기가 끝난 후 5월의 모습(2017).

8월, 게시판 앞에 꽃이 활짝 피었다(2019).

9월, 이전 해에 심었던 채송화에서 씨가 떨어져 이듬해에 꽃이 핀 모습(2020).

가을 화단을 위한 식물 교체하기

한바탕 바쁜 농사일과 무더운 여름이 지나고 나면, 슬슬 가을 화단 관리에 들어간다. 우선 식재디자인 계획을 세우고, 모종이 얼마나 필요한지 파악한다. 미리 준비해 놓은 모종이 있다면 그것을 이용하면 되고, 그렇지 않다면 가까운 꽃집이나 농장에 가서 직접 고른다. 모종이 준비되었으면 봄 화단 만들기 때와 같은 방식으로 만들면 된다.

가을 화단설계도. 봄 화단에 심었던 한해살이풀을 뽑아낸 곳에 가을에 꽃이 피는 식물을 골라 디자인했다.

설계도와 모종, 호미 등을 준비한다.

가을 화단에 심을 식물. 주로 국화과 식물이다.

모종을 심을 위치에 놓는다.

간격을 맞추어 본다.

모종 올려 놓기가 끝난 모습.

정원의 기본, 작은 화단 만들기

포트에서 모종을 빼 내고 엉켜 있는 뿌리를 떼어 낸다.   모종 심기가 끝난 모습. 이제 포트 정리가 남았다.

모종 심기가 끝나면 물을 충분히 준다. 물뿌리개 꼭지를 빼 내고 한 손으로 받쳐서 물이 너무 세게 떨어지지 않도록 한다. 물이 너무 세게 떨어지면 모종을 심느라 파 낸 흙이 파일 수 있으니 조심한다. 사진은 9월 12일.   뿌리를 내린 식물이 꽃을 활짝 피운 모습. 사진은 9월 26일.

꽃으로 가득한 가을 화단. 사진은 10월 23일.

빛바랜 백일홍꽃과 보랏빛 아스터꽃의 어울림이 참 좋다. 사진은 10월 23일.

한창 무르익어 가는 가을 화단.
사진은 10월 23일.

내년 봄 정원을 위해 구근식물 심기

'봄' 하면 어떤 꽃이 떠오르는가? 사람마다 다르겠지만 많은 사람이 수선화나 튤립의 꽃을 떠올릴 것이다. 춥고 삭막한 겨울을 지내다 보면 따뜻한 무언가가 그리워진다. 따뜻한 봄과 잘 어울리는 식물이라면 역시 노란색 꽃을 피우는 수선화와 분홍색 꽃을 피우는 튤립일 것이다. 최근 들어 정원박람회나 공원, 식물원에서 수선화와 튤립 같은 구근식물로 대대적으로 장식을 하는 경우를 많이 볼 수 있다. 구근식물이 꽃을 피울 때 가면 같은 색깔, 같은 모양의 꽃들이 장관을 이룬 모습을 볼 수 있다.

구근식물도 초화류처럼 봄에 심어야 하는 것이 있고, 여름과 가을에 심어야 하는 것이 있다. 봄에 꽃이 피는 수선화와 튤립 구근은 가을에 심고, 여름과 가을에 꽃이 피는 다알리아나 글라디올러스 구근은 봄에 심는다. 구근식물도 초화류에 비해 실패할 확률이 적은 편이라 정원에 심기 좋다. 구근 안에는 여러 개의 인편(鱗片, 비늘잎줄기)이 모여 있는데, 이 인편 속에는 꽃에게 나누어 줄 양분이 이미 가득 들어 있다. 그래서 구근을 심으면 특별한 관리가 없어도 그해에는 예쁜 꽃을 피울 수 있는 것이다.

다음 해에도 건강한 꽃을 보려면 싹이 나면서부터 꽃이 지고 난 다음까지 정원사의 관리가 중요하다. 구근이 뿌리를 잘 내리고 내년을 위한 양분을 충분히 저장할 수 있도록 거름(퇴비)을 골고루 준다. 무엇보다 잎에서 광합성을 잘할 수 있도록 주변 풀 관리를 잘해 주는 일이 중요하다. 풀이 너무 무성하면 잎을 가려 햇빛을 충분히 받을 수 없기 때문이다.

수선화 구근(알뿌리)을 자른 단면 사진. 가운데 연노란색 부분에서 수선화의 잎과 꽃봉오리가 만들어지는 중이다. 그 주변으로 한 장씩 분리되어서 꽃눈을 싸고 있는 것들이 인편이다. 수선화나 튤립 등의 구근이 이와 같은 모양(인편)을 하고 있으며, 꽃이 피는 데 필요한 영양분을 여기에 저장하고 있다.

가을에 심어 봄에 꽃을 보는 구근식물

튤립 *Tulipa*

튤립 구근 심을 자리의 낙엽을 걷어 낸다. 봄에 꽃을 피우는 구근식물은 겨울 동안 충분한 햇빛을 받는 장소에 심어야 해서 낙엽활엽수 아래가 적당하다.

심을 자리를 정하고 삽으로 구덩이를 판다. 구근의 깊이는 구근 크기의 두 배 정도 되는 위치가 좋다. 튤립의 경우 한 개가 5센티미터 정도 되기 때문에 퇴비 넣을 공간까지 생각하면 20센티미터 깊이로 파면 된다.

퇴비 넣을 것을 감안해 20센티미터 깊이로 흙을 팠다.

완숙퇴비를 넣거나 부엽토를 넣어서 토양에 유기물을 증가시키고 물리성을 개선시킨다.

튤립 구근이 퇴비에 직접 닿지 않도록 사이에 흙을 넣어 준다.

튤립 구근을 준비한다.

구근을 심는 깊이는 구근 크기의 두 배, 폭은 구근 크기의 세 배 넓이가 적당하다. 구근을 모아 심지 않을 때는 사진 속 채집용 모종삽(자 눈금이 그려져 있다)으로 심을 깊이만큼 파고 집어넣으면 편리하다.

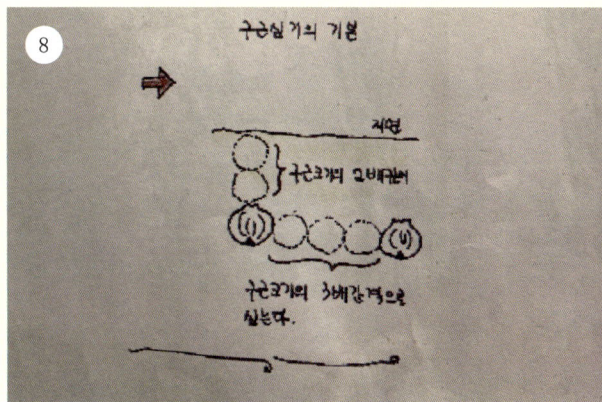
그림으로 정리한 구근 심기의 기본.

구근과 구근 사이 간격을 맞추어서 배열한 모습.

구근 크기의 두 배 정도 되는 두께로 흙을 덮어 준다.

처음에 걷어 냈던 낙엽으로 다시 덮어 준다. 사진은 11월 17일.

다음 해에 꽃을 피운 튤립. 사진은 4월 6일.

먼저 꽃이 핀 튤립은 지고 다음으로 꽃이 피는 튤립이 한창이다. 사진은 5월 1일.

정원의 기본, 작은 화단 만들기

원종 튤립 Tulipa turkestanica

튤립 중에서 꽃이 작고, 해마다 같은 모양이며, 똑같은 크기의 꽃을 피우는 종류가 있다. 보통 원종 튤립이라고 부른다. 공원 등에서 흔하게 볼 수 있는 튤립은 보통 F1이라 부르는 원예종으로, 구근을 사서 심은 첫해에는 꽃이 크고 예쁘지만 해가 갈수록 꽃이 작아지고 3~4년 후에는 꽃은 피지 않고 잎만 나온다. F1품종은 양쪽 품종의 우수한 특징이나 형질을 이어받은 1세대 종자를 말한다. 종자 안정성이 떨어져 수정되지 않거나, 모체의 성질을 드러내지 않는 경우가 많다. 결국 원예종 튤립은 해마다 사서 심어야 한다. 그에 비해 작지만 수수한 꽃이 피는 원종 튤립은 무리 지어서 꽃이 피면 자연스러운 맛이 있어 정이 간다. 정원을 가꾸는 사람에 따라 선호도가 다르겠지만 정원의 형태나 개인 취향에 맞게 구근식물을 사서 심으면 된다.

활짝 꽃을 피운 원종 튤립. 원예종에 비해 가격이 비싸고 판매량이 많지 않아 구입하기 쉽지는 않지만, 시간이 지나면 구근 번식이 가능할 뿐만 아니라 해마다 같은 모양의 꽃을 피우기 때문에 오히려 좋을 수 있다. 우리나라에 자생하는 튤립으로는 산자고(*Tulipa edulis*)가 있다. 사진은 4월 19일.

무스카리 Muscari

1. 무스카리는 구근 크기가 작아 채집용 모종삽이나 모종 심기 전용 봉을 이용한다.

2. 무스카리는 구근도 작지만 꽃도 작아서 한 개씩 떨어뜨려 심기보다 두 손에 구근을 올렸다 던져서 자연스럽게 떨어진 모양대로 심는 것이 보기 좋다.

3. 구근을 심은 곳에 나무젓가락 등으로 표시를 해 둔다. 양이 적기도 하고 나무 아래다 보니 구근이 있다는 사실을 모르고 밟고 다니는 것을 예방할 수 있다. 무스카리도 낙엽활엽수 아래에 심는다.

4. 구근 크기의 두 배 정도 두께로 흙을 덮는다.

낙엽으로 덮어 준다. 사진은 11월 17일.

이듬해 꽃을 피운 무스카리. 사진은 3월 27일.

정원의 기본, 작은 화단 만들기

크로커스 Crocus

구근에서 이미 싹이 나왔다.

모종 심기 전용 봉으로 구근 크기의 두 배 정도 깊이로 구멍을 낸 후에 하나씩 심는다. 사진은 11월 17일.

주변에 있는 돌을 모아 구근을 심었다는 사실을 표시해 두었다. 사진은 3월 27일.

주변에서 바로 구할 수 있는 나뭇가지 등으로 표시해도 좋다.

수선화 *Narcissus*

1. 수선화 구근. 기존에 있던 구근을 캐서 옮겨 심는 중이다. 사진은 10월 27일.

2. 순백색 수선화꽃이 피었다. 수선화는 튤립과 다르게 한 번 심으면 해마다 같은 모양의 꽃을 피운다. 그래서 더 정이 간다. 사진은 4월 28일.

아네모네 블란다 Anemone blanda

1 아네모네 구근은 구입하면 이렇게 마른 상태로 온다.

2 구근을 심기 하루 전에 물에 담가 불린 상태로 심어야 한다. 구근을 심는 가을부터 겨울 사이에 내리는 비와 눈의 양으로는 땅속에서 충분하게 부풀지 못하기 때문이다. 사진은 10월 22일.

3 이듬해에 꽃을 피운 아네모네. 사진은 4월 1일.
우리나라에 자생하는 아네모네속 식물로는 변산바람꽃 A. byunsanensis, 꿩의바람꽃 A. raddeana, 홀아비바람꽃 A. koraiensis 등이 있다

봄에 심어 여름·가을에 꽃을 보는 구근식물

백합 *Lilium*

택배로 막 도착했을 때의 백합 구근. 백합 구근은 크기도 하지만, 꽃대가 높게 올라간 후에 큰 꽃이 달리기 때문에 줄기가 땅속 깊이 묻혀 있어야 넘어지지 않는다.
약 30센티미터 정도 파고 심는다. 사진은 4월 7일.

크고 화사하게 피어난 백합꽃. 꽃대가 바람에 넘어가지 않도록 지지대를 세워 주는 것이 좋다. 사진은 7월 6일.

다알리아 *Dahlia*

1. 다알리아는 보통 구근으로 번식하지만, 씨를 뿌려 만든 모종으로 심어도 그 해에 꽃을 피우는 성장이 매우 빠른 식물이다. 씨를 뿌려 자란 어린 모종일 때 이미 구근이 생기기 시작하는 모습을 볼 수 있다. 사진은 3월 21일.

2. 어린 모종을 큰 포트에 옮겨 심은 후 하우스에서 관리하다가 서리 피해가 없어지는 5월 초에 정원에 아주심기한다. 사진은 4월 10일.

3. 꽃을 한창 피우고 있는 다알리아. 꽃 색깔이 다양하고 잎도 많아서 화단에 심으면 풍성해 보인다. 사진은 6월 18일.

4. 씨를 뿌려 꽃을 피운 지 2년이 지난 후의 구근 모습. 다알리아는 추위에 약하기 때문에 겨울 동안 정원에 그대로 두면 얼 수도 있지만, 하루 종일 해가 드는 양지바른 곳에 심어 두면 얼지 않고 해마다 꽃을 피운다. 이 정도 자랐으면 덩어리진 구근을 하나씩 떼어 내 심으면 된다. 사진은 2월 22일.

덩어리진 구근을 하나씩 떼어 낸 모습. 지난해에 꽃이 진 후 남아 있는 꽃대만 잘라 내고 이대로 하나씩 심으면 된다. 사진은 2월 28일.

추위에 약한 식물 옷 입혀 주기

가을에 심은 구근 위를 볏짚으로 덮고 바람에 날아가지 않도록 지주대로 눌러 놓는다. 비교적 작은 구근은 그리 깊이 심지 않기 때문에 겨울 동안 땅이 얼었다 녹았다 해도 봄이 되면 땅 위로 올라 올 수 있으니 볏짚 등으로 덮어 주면 좋다.

포기나누기를 해서 심은 지 얼마 되지 않은 팜파스그래스. 팜파스그래스는 겨울 추위에 특히 약하기 때문에 나무껍질로 만든 바크로 포기 주변 흙을 덮어 보온해 준다.

내가 사는 지역에서는 팜파스그래스가 밖에서 겨울을 나지 못하기 때문에 단단히 겨울 준비를 해야 한다. 먼저 가장자리에 지주대를 박고 비닐로 둥글게 싼 다음 그 안에 나뭇잎과 볏짚을 채워 넣었다. 이 정도의 보온이면 충분하다.

감나무는 중부 이북 지방으로 가면 추워서 겨울을 나기가 쉽지 않다. 볏짚을 구해 꽤 윗부분까지 감싸 주는 것이 안전하다.

눈 내린 겨울 정원을 즐기며 내년을 기약하기

눈 내린 겨울정원은 상상만 해도 아름답다. 솜털같이 보송보송하고 살짝만 만져도 녹아내릴 것 같은 눈송이가 쌓이면 또 하나의 꽃이 된다. 어떤 뾰족한 잎이나 가지에 닿아도 눈이 내리면 부드러운 곡선을 만들어 낸다.

봄부터 가을까지 긴 여정이 끝난 후의 화단을 보고 있으면 많은 생각이 오고 간다. 이른 봄 설레는 마음으로 시든 가지를 정리하던 일, 한창 모내기 준비를 하다 잠깐씩 틈을 내서 화단에 난 풀을 뽑던 일, 늦서리가 끝날 즈음 고추 모종 심기가 끝나자마자 식물 모종을 심으며 기분이 좋아졌던 일, 논과 밭 김매기에 지쳐 화단에 풀이 내 키만큼 자랐어도 어찌하지 못하고 그냥 바라만 보며 가슴 아파하던 일, 한여름 콩밭 매기가 다 끝나고 화단에 낫을 들고 들어가 풀을 베어 내던 일, 가을 화단에 심을 식물을 사와서 화단에 심으며 화사하게 웃음 짓던 일 등.

정원 일은 늘 농사일에 밀리지만, 그래서 더 마음이 가고 애정을 쏟게 되는 것 같다. 그러다 겨울이 다가오고 눈이 내리면, 이제는 말라 버린 꽃대와 잎이 다시 순백의 꽃, 눈꽃으로 피어난다. 지난날이 너무 아름다워서 시든 가지와 잎을 정리하지 못하는 나는 그렇게 추운 겨울이 지나고 나서야, 봄이 되어서야 천천히 정원으로 발걸음을 옮긴다.

살비아 위에 서리가 내려앉았다.

서리를 맞은 램스이어.

시든 가지 끝에 서리꽃이 피었다.

아직 꽃이 지기도 전에 눈이 소복이 쌓였다.

11월 말의 정원에 서리꽃이 피었다. 갈색으로 물들어 가는 시든 꽃들이 다시 한번 빛나는 순간이다. 가녀린 마른 가지 위에 눈이 쌓이면 더할 나위 없이 아름답다. 한참을 보고 있으면 지난날의 빛나던 순간이 떠오르며 마음이 조용히 가라앉는다.

부록

Colour in the Garden
색의 기본 특성과 꽃 색상별 정원식물

정원디자인을 할 때
알아 두어야 할 색의 기본 특성과 색 조합,
꽃 색상별 다양한 정원식물을 알아본다.

❀ 개화기   ↑ 심는 시기   ↕ 대략의 크기

* 식물은 학명순으로 배치했고, 일부 세로 사진은 뒤에 따로 정리했습니다.
* 기본적인 식물 정보는 영국왕립원예협회 홈페이지를 참고했습니다.
www.rhs.org.uk/plants/

흰색

White

위슬리 가든의 '컨트리 가든 Country Garden'.

흰색 꽃을 피운 시싱허스트 가든의 로사 플로리분다 '아이스버그' *Rosa floribunda* 'Iceberg'.

흰색 하면 순결, 혹은 시작이라는 단어가 먼저 떠오른다. 흰색 꽃을 피우는 식물을 모아 심는 정원을 화이트가든(white garden)이라 부른다. 화이트가든을 대표하는 정원으로는 영국의 시싱허스트 가든이 있다. 흰색 장미꽃을 중심으로 펼쳐지는 여러 식물의 우아한 흰색 꽃들은 맑고 투명하다. 정원사의 로망이기도 한 화이트가든의 매력을 살펴보자.

흰색은 어떤 색의 꽃과도 잘 어울린다

흰색은 색을 갖지 않으면서 밝음의 정도만 나타낸다. 무채색이기 때문에 다른 색과 섞어 놓았을 때 혼란스럽지 않고 단지 다른 색채를 밝게 보여 주거나 어둡게 보여 주는 역할을 할 뿐이다. 정원에 흰색 꽃이 많으면 밝고 경쾌해지고, 회색이나 검정을 첨가하면 어둡고 차분한 느낌으로 다가온다.

햄튼 코트 플라워 쇼(2006).

흰색은 색과 색을 연결해 준다

원색의 꽃을 좋아하는 경우, 한 장소에 모아 심게 되면 이미지가 너무 강해지기 때문에 적은 양이라도 흰색이 들어가는 것이 좋다. 흰색이 바탕색으로 들어갈 수도 있고, 꽃과 꽃 사이에 자리를 잡을 수 있게 해도 좋다. 흰색 꽃은 원색 하나하나의 색감을 드러나게 하면서도 전체의 색을 부드럽게 중화시켜 주는 역할을 한다. 정원에 어떤 색의 꽃을 넣으면 좋을지 고민이 된다면 일단 흰색 꽃이 피는 식물을 심으면 효과적이다.

위슬리 가든.

흰색 꽃의 양이나 키, 잎의 모양이나 색으로 다양한 연출을 해 본다

흰색은 다양한 색감을 중화시켜 주기도 하지만, 양이 많아지면 팽창하는 느낌을 준다. 시선이 분산된다는 느낌을 받을 수도 있으니 공간의 크기에 따라 흰색의 양을 조절할 필요가 있다. 초록의 나무나 잎이 바탕색이 되어 받쳐 주면 흰색이 더욱 단정해 보인다. 흰색 꽃을 피우는 식물을 모아 화이트가든을 만들 때에는 꽃 모양과 키, 혹은 잎의 모양과 색을 다양하게 선택하고 배치하는 것이 좋다. 전체적인 흰색의 이미지에 묻히지 않게 하는 방법이면서 보는 이의 눈을 즐겁게 해 줄 수 있다. 흰색의 또 다른 매력은 흰색과 어울리는 색의 조합에 따라 정원의 느낌이 달라진다는 것이다. 흰색과 분홍색이 만나면 동화 같은 분위기가 연출되고, 흰색과 파란색이 만나면 시원함을, 흰색과 빨간색이 만나면 모던한 이미지를 만들어 낸다.

틴틴헐 가든.

흰색과 파란색의 조화

흰색의 깨끗함에 파란색이 더해지면서 물이 흐르는 듯한 평온함을 연출한다. 헐떡이풀(*Tiarella*)의 꽃은 봄에 피지만, 더운 여름의 정원에도 흰색과 파란색의 꽃을 찾아 심으면 시원함을 느낄 수 있다.

새빌 가든.

흰색과 분홍색의 조화

순백의 꽃을 피운 수선화가 양쪽으로 늘어서고, 분홍색 꽃을 피운 튤립이 볼륨감 있게 가운데 선을 유지하면서 끝없이 펼쳐진다. 양적으로는 튤립이 적지만 꽃 모양의 단정함 때문에 풍성해 보인다. 튤립 꽃잎 가장자리의 흰빛이 수선화꽃의 흰색과 연결이 되면서 통일감을 준다. 흰색과 분홍의 만남은 화사한 봄날을 더욱 화사하게 장식해 준다.

이든 프로젝트(Eden Project).

흰색과 파스텔색의 조화

흰색 아네모네꽃이 밝은 느낌을 주고, 제라늄꽃은 부드러운 느낌을 더한다. 여기에 빈카(*Vinca minor*)가 어우러지며 잔잔한 분위기를 연출한다. 아이들이 있는 유치원이나 공원 등에 잘 어울리는 화단이다.

첼시 플라워 쇼 Chelsea Flower Show (2006).

흰색과 초록색의 조화

모든 색의 바탕이 되어 주는 초록색에 흰색이 더해지면 흰색의 순수한 느낌이 더욱 커진다. 흰색과 초록색의 조화 속에서 흰색이 더욱 돋보인다.

햄튼 코트 플라워 쇼 (2006). 미국수국 '애너벨'과 호스타.

흰색과 노란색의 조화

화사하면서도 귀엽고, 부드러우면서도 정갈한 느낌이다. 흰색과 노란색의 조화가 만들어 내는 수채화 같은 선율이 잔디밭 위로 흐르는 듯하다.

위슬리 가든 톱 테라스.

Achillea × 'Huteri'
꽃톱풀 '후테리'

숙근초 / 국화과 / 톱풀속

🌸 6~10월　　↑ 3월~9월　　↕ 80cm

Argyranthemum 'Powder Puff'
아르기란테뭄 '파우더 퍼프'

숙근초 / 국화과 / 아르기란테뭄속

🌸 6~10월　　↑ 3월　　↕ 50cm

Allium paradoxum var. *normale*
알리움 파라독숨 노말레

구근 숙근초 / 백합과 / 부추속

🌸 4~5월　　↑ 9~10월　　↕ 30cm

Armeria maritima × A. *juniperifolia*
아르메리아 마리티마 × 아르메리아 유니페리폴리아

숙근초 / 갯질경과 / 너도부추속

🌸 5~6월　　↑ 9~10월　　↕ 30cm

Allium stipitatum 'Album'
알리움 스티피타툼 '알붐'

구근 숙근초 / 백합과 / 부추속

🌸 5~6월　　↑ 9~10월　　↕ 40cm

Camellia japonica 'Gwenneth Morey'
동백나무 '그웨네스 모리'

상록 활엽 소교목 / 차나무과 / 동백나무속

🌸 3~5월　　↑ 3월, 10월　　↕ 4m

Camellia × williamsii 'Francis Hanger'
윌리엄스동백나무 '프랜시스 행어'

상록 활엽 소교목 / 차나무과 / 동백나무속

| 3~5월 | 3월, 10월 | 4m |

Chaenomeles speciosa 'Nivalis'
명자꽃 '니발리스'

낙엽 활엽 관목 / 장미과 / 명자나무속

| 4~5월 | 3월, 10월 | 2.5m |

Campanula lactiflora 'Loddon Anna'
캄파눌라 '로든 애나'

숙근초 / 초롱꽃과 / 초롱꽃속

| 6~8월 | 9~10월 | 1.5m |

Clematis armandii
클레마티스 아르만디

상록 덩굴성 숙근초 / 미나리아재비과 / 으아리속

| 4~8월 | 9~10월 | 3m |

Carpenteria californica
카르펜테리아 칼리포르니카

상록 활엽 관목 / 수국과 / 카르펜테리아속

| 6~7월 | 9~10월 | 2.5m |

Clematis montana
클레마티스 몬타나

낙엽 덩굴성 숙근초 / 미나리아재비과 / 으아리속

| 5~7월 | 9~10월 | 3m |

Convallaria majalis
은방울꽃

숙근초 / 백합과 / 은방울꽃속

🌸 5~6월　　↑ 9~10월　　↕ 30cm

Dioporum smithii
스미스윤판나물

숙근초 / 백합과 / 애기나리속

🌸 5~6월　　↑ 9~10월　　↕ 60cm

Cornus kousa subsp. *chinensis*
중국산딸나무

낙엽 활엽 교목 / 층층나무과 / 층층나무속

🌸 6월　　↑ 3월, 10월　　↕ 8m

Enkianthus perulatus
단풍철쭉

낙엽 활엽 관목 / 진달래과 / 등대꽃속

🌸 5~6월　　↑ 3월, 10월　　↕ 2.5m

Deutzia setchuenensis var. *corymbiflora*
데우치아 세트쿠에넨시스 코림비플로라

낙엽 활엽 관목 / 범의귀과 / 말발도리속

🌸 5~6월　　↑ 3월, 10월　　↕ 2.5m

Epimedium trifoliatobinatum subsp. *maritimum*
에피메디움 트리폴리아토비나툼 마리티뭄

숙근초 / 매자나무과 / 삼지구엽초속

🌸 4월　　↑ 9~10월　　↕ 50cm

Erigeron karvinskianus
오래곤개망초

숙근초 / 국화과 / 개망초속

| 5~7월 | 9~10월 | 30cm |

Iberis saxatilis subsp. *cinerea*
이베리스 사사틸리스 시네레아

상록 숙근초 / 십자화과 / 서양말냉이속

| 4~5월 | 9~10월 | 50cm |

Helleborus 'Christmas'
헬레보루스 '크리스마스'

상록 숙근초 / 미나리아재비과 / 헬레보루스속

| 3~4월 | 9~10월 | 50cm |

Iris 'Bibury'
이리스 '빌버리'

숙근초 / 붓꽃과 / 붓꽃속

| 5월 | 9~10월 | 1m |

Hydrangea arborescens 'Annabelle'
미국수국 '애너벨'

낙엽 활엽 관목 / 범의귀과 / 수국속

| 7~9월 | 3월, 10월 | 2.5m |

Iris laevigata var. *alba*
제비붓꽃 '알바'

숙근초 / 붓꽃과 / 붓꽃속

| 5월 | 9~10월 | 1m |

Leucojum aestivum
은방울수선

구근 숙근초 / 백합과 / 은방울수선속

🌸 4월　　⬆ 10월　　↕ 70cm

Magnolia stellata 'Centennial'
매그놀리아 스텔라 '센테니얼'

낙엽 활엽 소교목 / 목련과 / 목련속

🌸 4월　　⬆ 3월, 10월　　↕ 4~6m

Magnolia 'Lu Shan'
목련 '루 샨'

낙엽 활엽 교목 / 목련과 / 목련속

🌸 4월　　⬆ 3월, 10월　　↕ 8m

Meconopsis betonicifolia
히말라야푸른양귀비

숙근초 / 양귀비과 / 메코놉시스속

🌸 6월　　⬆ 9~10월　　↕ 1.5m

Magnolia sieboldii
함박꽃나무

낙엽 활엽 교목 / 목련과 / 목련속

🌸 6월　　⬆ 3월, 10월　　↕ 6m

Michelia yunnanensis
미켈리아 유나넨시스

상록 활엽 교목 / 목련과 / 초령목속

🌸 5월　　⬆ 3월, 10월　　↕ 20m

Narcissus 'Beersheba'
수선화 '비어시바'

구근 숙근초 / 수선화과 / 수선화속

❀ 4월　　↑ 10~11월　　↕ 60cm

Philadelphus 'Dame Blanche'
고광나무 '담 블랑슈'

낙엽 활엽 관목 / 고광나무과 / 고광나무속

❀ 6월　　↑ 9~10월　　↕ 2m

Narcissus 'Elvira'
수선화 '엘비라'

구근 숙근초 / 수선화과 / 수선화속

❀ 4월　　↑ 10~11월　　↕ 60cm

Philadelphus coronarius 'Aureus'
고광나무 '아우레우스'

낙엽 활엽 관목 / 고광나무과 / 고광나무속

❀ 6월　　↑ 3월, 10월　　↕ 2m

Paeonia clusii
페오니아 클루시

숙근초 / 미나리아재비과 / 작약속

❀ 4~5월　　↑ 9~10월　　↕ 30cm

Primula rosea 'Gigas'
프리물라 로세아 '기가스'

숙근초 / 앵초과 / 앵초속

❀ 4월　　↑ 9~10월　　↕ 30cm

Prunus 'Amayadori'
벚나무 '아마야도리'

낙엽 활엽 교목 / 장미과 / 벚나무속

❀ 4월　　↑ 3월, 10월　　↕ 10m

Rhododendron 'Georgette'
만병초 '조제트'

상록 활엽 관목 / 진달래과 / 진달래속

❀ 5월　　↑ 3월, 10월　　↕ 1m

Rhododendron 'Harkwood Moonlight'
만병초 '하크우드 문라이트'

상록 활엽 관목 / 진달래과 / 진달래속

❀ 5월　　↑ 3월, 10월　　↕ 1m

Rosa filipes 'Kiftsgate'
로사 필리페스 '키프츠게이트'

낙엽 활엽 덩굴성(포복성) 관목 / 장미과 / 장미속

❀ 6월　　↑ 3월, 10월　　↕ 12m

Rosa floribunda 'Iceberg'
로사 플로리분다 '아이스버그'

낙엽 활엽 덩굴성(포복성) 관목 / 장미과 / 장미속

❀ 6월　　↑ 10~11월　　↕ 10m

Sisyrinchium striatum
시시린키움 스트리아툼

숙근초 / 붓꽃과 / 등심붓꽃속

❀ 6~7월　　↑ 9~10월　　↕ 60cm

Spiraea × *cinerea* 'Grefsheim'
스피라에아 시네레아 '그레프셰임'

낙엽 활엽 관목 / 장미과 / 조팝속

| 4월 | 3월, 10월 | 1.5m |

Trillium grandiflorum
큰꽃연영초

숙근초 / 백합과 / 연영초속

| 4월 | 9~10월 | 50cm |

Tanacetum parthenium 'Rowallane'
피버퓨 '로월레인'

숙근초 / 국화과 / 쑥국화속

| 6월 | 9~10월 | 50cm |

Viburnum plicatum f. *tomentosum*
털설구화

낙엽 활엽 관목 / 범의귀과 / 산분꽃나무속

| 5월 | 3월, 10월 | 4m |

Trillium chloropetalum
큰미국연영초

숙근초 / 백합과 / 연영초속

| 4월 | 9~10월 | 50cm |

Buddleja asiatica
부들레야 아시아티카

숙근초 / 마전과 / 부들레아속

❁ 이른 봄　　↑ 9~10월　　↕ 4m

Dictamnus albus 'Albiflorus'
딕탐누스 알부스 '알비플로루스'

숙근초 / 운향과 / 백선속

❁ 5~6월　　↑ 9~10월　　↕ 60cm

Delphinium cv.
제비고깔속 식물(델피니움)

두해살이풀 / 미나리아재비과 / 제비고깔속

❁ 6월　　↑ 9~10월　　↕ 1.2m

Digitalis 'Saltwood Summer'
디기탈리스 '솔트우드 서머'

두해살이풀 / 현삼과 / 디기탈리스속

❁ 5~6월　　↑ 9~10월　　↕ 2.5m

Epilobium hirsutum 'Album'
큰바늘꽃 '알붐'

숙근초 / 바늘꽃과 / 바늘꽃속

| 7월 | 9~10월 | 60cm |

Hyacinthus orientalis 'Carnegie'
히아신스 '카네기'

구근 숙근초 / 백합과 / 히아신스속

| 3~4월 | 10~11월 | 50cm |

Eremurus 'Joanna'
에레무루스 '조애나'

구근 숙근초 / 백합과 / 에레무루스속

| 6~7월 | 9~10월 | 1m |

Nicotiana sylvestris
숲꽃담배

한해살이풀 / 가지과 / 담배속

| 7~8월 | 3~4월 | 1m |

Magnolia denudata
백목련

낙엽 활엽 교목 / 목련과 / 목련속

❀ 4월　　↑ 3월, 10월　　↕ 12m

Magnolia kobus
목련

낙엽 활엽 교목 / 목련과 / 목련속

❀ 4월　　↑ 3월, 10월　　↕ 12m

Magnolia 'Sayonara'
목련 '사요나라'

낙엽 활엽 교목 / 목련과 / 목련속

❀ 4월　　↑ 3월, 10월　　↕ 8m

노란색

Yellow

시싱허스트 가든.

수선화의 다양한 노란색 톤. 천리포수목원.

이든 프로젝트.

노란색 하면 따뜻함, 포근함 그리고 병아리의 털처럼 부드러운 느낌 등이 떠오른다. 하지만 동시에 아스팔트 길 중앙을 가로지르는 노란색 실선의 이미지와 노란색 어린이집 버스 등이 떠오르기도 한다. 노란색은 이렇게 가장 눈에 잘 띄는, 가장 밝은 '진출색'이라는 이미지도 함께 느껴지는 색이다. 이렇게 옅은 노란색이 주는 밝고 부드러운 느낌과 짙은 노란색이 주는 어둡고 강한 느낌을 정원에서 조화롭게 표현하기란 그리 쉽지 않은 과제다. 하지만 잘 이해하고 활용하면 화사하면서도 무게감이 있고 멋스러우면서도 중후한 효과를 정원에서 낼 수 있다.

노란색은 면적이 넓어 보이게 하는 팽창의 색이다

노란색 꽃을 피우는 식물은 보통 이른 봄과 한여름에 많이 개화한다. 다른 색에 비해 특히 눈에 잘 띄기 때문에 곤충들이 잠에서 깨어나기 전인 이른 봄부터 정원을 장식하면서 벌과 나비를 유인한다. 여름이면 해바라기를 비롯해 마리골드같이 오랫동안 꽃을 피우는 식물들이 빛을 받아 더욱 강렬하게 여름을 알리기도 한다. 밝고 환한 노란색은 조금만 심어도 많아 보이고, 멀리서도 한눈에 들어오는 효과를 낼 수 있다. 밝기도 하지만 팽창되어 보여서 정원에 심을 때는 포기 수(꽃의 양)를 조절할 필요가 있다. 다른 색의 꽃을 피우는 식물을 심을 때처럼 무의식적으로 모종을 많이 심다 보면 노란색 꽃만 눈에 들어오고, 여름의 더위를 더욱 크게 느끼게 하는 원인이 될 수도 있다.

웨스트 딘 가든.

밝고 맑은 노란색과 진하고 탁한 노란색은 느낌이 다르다

밝고 맑은 노란색의 경우는 투명하면서도 가녀린 느낌이 강하고, 진하고 탁한 노란색의 경우는 어두우면서도 무거운 느낌이 난다. 여러 색의 꽃을 피우는 다른 식물과 같이 심을 때는 밝고 맑은 색은 파스텔 계통의 연한 색 꽃을 피우는 식물과 같이 심고, 진하고 탁한 노란색의 경우에는 오히려 진한 색의 꽃을 피우는 식물과 같이 심어서 중후한 이미지를 유도하는 것이 자연스럽다. 보다 부드럽게 하고 싶을 때는 흰색을, 조금 차분한 느낌을 주고 싶을 때는 갈색을 의식적으로 맞추어서 조정해 보자.

큐가든 팜 하우스 앞.

노란색은 희망을 부르는 색이다

여름에 피는 해바라기는 태양을 연상시킨다. 아이들이 좋아해서 어린이집이나 유치원에 많이 심으며, 노란색은 10대가 가장 선호하는 색이기도 하다. '태양=희망'이라는 공식이 성립할 정도로 해바라기는 누구나 좋아한다. 최근 해바라기의 품종이 많이 개발되어서, 해바라기 한 종류만 가지고도 정원을 꾸밀 수 있을 정도다. 노란색이 갖는 밝고 희망적인 이미지를 살려서 옐로가든(yellow garden)을 만들어 보는 것은 어떨까.

옥스퍼드 보타닉 가든.

노란색과 파란색의 조화

노란색과 파란색의 만남은 화사한 봄날에 분위기를 차분하게 가라앉히기도 하고, 더운 여름날에 시원함을 더하기도 한다. 봄에는 노란색 꽃 프리물라와 파란색 꽃 무스카리, 봄과 여름 사이에는 노랑꽃창포(Iris pseudacorus)와 파란색 꽃을 피우는 붓꽃(Iris sanguinea), 여름에는 노란색 꽃을 피우는 베르바스쿰(Verbascum)과 파란색 꽃을 피우는 델피니움(Delphinium)의 조합으로 인상적인 분위기를 연출할 수 있다. 어느 쪽도 채도가 높지 않기 때문에 화사한 분위기를 효과적으로 만들어 낼 수 있다.

이든 프로젝트.

노란색과 흰색의 조화

노란색 꽃 튤립과 흰색 꽃 튤립이 각자의 색을 맘껏 드러내면서도 조화롭게 어울린다. 또 시원한 느낌의 초록색 튤립 잎을 배경으로 단아하면서도 고풍스러운 느낌을 준다. 노란색과 흰색의 양은 반씩 섞어서 동일한 양이 되도록 디자인하는 것이 효과적이다.

노란색 꽃을 피우는 튤립 '화이트 드림(White Dream)'과 흰색 꽃을 피우는 튤립 '문샤인(Moonshine)'의 조화.

노란색과 파스텔색의 조화

밝고 맑은 꽃 색을 자랑하는 튤립 뒤로 파스텔 톤 분홍색·파란색 꽃을 피운 팬지가 배경을 이룬다. 노란색 꽃 튤립은 너무도 맑고 투명해서 겨우 여덟 개 정도만 화단에 들어가 있어도 한눈에 들어온다. 노란색 꽃 튤립은 화사하고 생기 넘치는 봄 화단을 조화롭게 연출할 수 있게 해 준다.

큐 가든 팜 하우스 앞.

노란색과 암색(명도나 채도가 낮은 색)의 조화

휴케라(*Heuchera*)의 어둡고 고상한 잎 앞에 펼쳐진 노란색과 흰색 꽃을 피운 팬지는 개성 있으면서도 어른스러운 이미지를 만들어 낸다. 이런 조합은 모던한 스타일의 정원에 어울린다.

큐 가든.

노란색과 노란색의 조화

키가 작은 루드베키아(*Rudbeckia*)와 키가 큰 해바라기가 웅장한 분위기를 만들어 내면서, 넓은 잔디 광장에서 충분히 제 몫을 하고 있다. 루드베키아의 깨끗한 단색이 해바라기꽃 중앙의 진한 갈색을 보완해 준다.

큐 가든.

노란색과 분홍색의 조화

새잎이 돋아나는 나뭇가지를 배경으로 수선화의 노란색 꽃과 튤립의 연분홍색 꽃이 활동적이면서 선명한 이미지를 강조한다. 밝은 이미지와 함께 사람들의 마음을 끌어당기는 매력을 발산한다. 이 경우에도 노란색과 분홍색의 양이 반반이 되도록 하는 것이 중요하다.

Acer campestre 'Postelense'
유럽들단풍 '포스텔렌스'

낙엽 활엽 관목 / 단풍나무과 / 단풍나무속

| 4월 | 3월, 10월 | 2.5~3m |

Achillea 'Coronation Gold'
꽃톱풀 '코로네이션 골드'

숙근초 / 국화과 / 톱풀속

| 6~8월 | 4월, 10월 | 1m |

Berberis bergmanniae
버그만매자나무

상록 활엽 관목 / 매자나무과 / 매자나무속

| 4월 | 3월, 10월 | 1~2m |

큐 가든 팜 하우스 앞.

Berberis insignis
운남공매자나무

상록 활엽 관목 / 매자나무과 / 매자나무속

❀ 4월 　　 ↑ 3월, 10월 　　 ↕ 1~2m

Chiastophyllum oppositifolium
키아스토필룸 오포시티폴리움

숙근초 / 돌나무과 / 키아스토필룸속

❀ 5~6월 　　 ↑ 3월, 10월 　　 ↕ 20cm

Caltha palustris var. *polypetala*
칼타 팔루스트리스 폴리페탈라

숙근초 / 미나리아재비과 / 동의나물속

❀ 4~5월 　　 ↑ 4월, 10월 　　 ↕ 50cm

Coronilla emerus
코로닐라 에메루스

상록 활엽 관목 / 콩과 / 코로닐라속

❀ 4~5월 　　 ↑ 3월, 10월 　　 ↕ 0.5~1.5m

Chamaecytisus ruthenicus
카마에시티수스 루테니쿠스

낙엽 활엽 관목 / 콩과 / 카마에시티수스속

❀ 4~5월 　　 ↑ 3월, 10월 　　 ↕ 80cm

Coronilla valentina
코로닐라 발렌티나

상록 활엽 관목 / 콩과 / 코로닐라속

❀ 4~5월 　　 ↑ 3월, 10월 　　 ↕ 80cm

Doronicum orientale 'Goldcut'
도로니쿰 오리엔탈레 '골드컷'

숙근초 / 국화과 / 도로니쿰속

| 3~6월 | 3월, 10월 | 30cm |

Fritillaria imperialis
프리틸라리아 임페리알리스

구근 숙근초 / 백합과 / 패모속

| 4월 | 10월 | 1m |

Forsythia × intermedia 'Lynwood Variety'
서양개나리 '린우드 버라이어티'

낙엽 활엽 관목 / 물푸레나무과 / 개나리속

| 4~5월 | 3월, 10월 | 3m |

Fritillaria imperialis 'Lutea'
프리틸라리아 임페리알리스 '루테아'

구근 숙근초 / 백합과 / 패모속

| 4월 | 10월 | 1m |

Forsythia × intermedia 'Spring Glory'
서양개나리 '스프링 글로리'

낙엽 활엽 관목 / 물푸레나무과 / 개나리속

| 4~5월 | 3월, 10월 | 3m |

Halimium lasianthum
할리미움 라시안툼

상록 활엽 관목 / 시스투스과 / 할리미움속

| 5~7월 | 3월, 10월 | 1m |

Hemerocallis 'Corky'
원추리 '코키'

숙근초 / 백합과 / 원추리속

🌸 5~6월　　↑ 4월, 10월　　↕ 70cm

Inula helenium
목향

숙근초 / 국화과 / 금불초속

🌸 6~8월　　↑ 4월, 10월　　↕ 2m

Hemerocallis × *ochroleuca*
헤메로칼리스 오크롤레우카

숙근초 / 백합과 / 원추리속

🌸 5~6월　　↑ 4월, 10월　　↕ 1.2m

Iris 'Mary McIlroy'
이리스 '마리 맥킬로이'

숙근초 / 붓꽃과 / 붓꽃속

🌸 5월　　↑ 3월, 10월　　↕ 35cm

Hypericum patulum 'Hidcote'
물레나물 '히드코트'

반상록 활엽 관목 / 물레나물과 / 물레나물속

🌸 6~10월　　↑ 4월, 10월　　↕ 80cm

Kerria japonica 'Golden Guinea'
황매화 '골든 기니'

낙엽 활엽 관목 / 장미과 / 황매화속

🌸 5~6월　　↑ 4월, 10월　　↕ 2m

Lysichiton americanus
리시키톤 아메리카누스

숙근초 / 천남성과 / 리시키톤속

🌸 5~6월 | ↑ 4월, 10월 | ↕ 70cm

Magnolia 'Lois'
목련 '로이스'

낙엽 활엽 교목 / 목련과 / 목련속

🌸 5월 | ↑ 3월, 10월 | ↕ 12m

Magnolia 'Elizabeth'
목련 '엘리자베스'

낙엽 활엽 교목 / 목련과 / 목련속

🌸 4월 | ↑ 3월, 10월 | ↕ 12m

Mahonia repens 'Rotundifolia'
마호니아 레펜스 '로툰디폴리아'

상록 활엽 관목 / 매자나무과 / 뿔남천속

🌸 4월 | ↑ 3월, 10월 | ↕ 1m

Magnolia 'Gold Star'
목련 '골드 스타'

낙엽 활엽 교목 / 목련과 / 목련속

🌸 4월 | ↑ 3월, 10월 | ↕ 10m

Mahonia × *wagneri* 'Undulata'
마호니아 와그네리 '언둘라타'

상록 활엽 관목 / 매자나무과 / 뿔남천속

🌸 4월 | ↑ 3월, 10월 | ↕ 2.5m

Narcissus 'Bittern'
수선화 '비턴'

구근 숙근초 / 수선화과 / 수선화속

❀ 4월　　♦ 10월　　↕ 50cm

Narcissus 'Triple Crown'
수선화 '트리플 크라운'

구근 숙근초 / 수선화과 / 수선화속

❀ 4월　　♦ 10월　　↕ 60cm

Narcissus 'Golden Dawn'
수선화 '골든 돈'

구근 숙근초 / 수선화과 / 수선화속

❀ 4월　　♦ 10월　　↕ 60cm

Narcissus 'Yellow Cheerfulness'
수선화 '옐로 치어풀니스'

구근 숙근초 / 수선화과 / 수선화속

❀ 4월　　♦ 10월　　↕ 60cm

Narcissus 'Suunyside up'
수선화 '서니사이드 업'

구근 숙근초 / 수선화과 / 수선화속

❀ 4월　　♦ 10월　　↕ 60cm

Narcissus cyclamineus
시클라멘수선화

구근 숙근초 / 수선화과 / 수선화속

❀ 4월　　♦ 10월　　↕ 20cm

Paeonia delavayi var. *lutea*
루테아모란

낙엽 활엽 관목 / 미나리아재비과 / 작약속

🌸 5월　　⬆ 3월, 10월　　↕ 1.8m

Ribes odoratum
크로바커런트

낙엽 활엽 관목 / 범의귀과 / 까치밥나무속

🌸 4월　　⬆ 3월, 10월　　↕ 2m

Quercus rubra 'Aurea'
루브라참나무 '아우레아'

낙엽 활엽 교목 / 참나무과 / 참나무속

🌸 4월　　⬆ 3월, 10월　　↕ 12m

Rosa 'Easlea's Golden Rambler'
장미 '이슬레아스 골든 램블러'

낙엽 활엽 덩굴성 관목 / 장미과 / 장미속

🌸 6~7월　　⬆ 3월, 10월　　↕ 8m

Rhododendron sp.
진달래속 식물

낙엽 활엽 관목 / 진달래과 / 진달래속

🌸 5월　　⬆ 3월, 10월　　↕ 3m

Rosa banksiae 'Lutea'
목향장미 '루테아'

낙엽 활엽 덩굴성 관목 / 장미과 / 장미속

🌸 5월　　⬆ 3월, 10월　　↕ 4m

Rosa Charlotte 'Auspoly'
로사 샤를로트 '아우스폴리'

낙엽 활엽 관목 / 장미과 / 장미속

🌸 6월　　↑ 3월, 10월　　↕ 2m

Stylophorum diphyllum
스틸로포룸 디필룸

숙근초 / 양귀비과 / 스틸로포룸속

🌸 5월　　↑ 10월　　↕ 45cm

Rudbeckia hirta 'Prairie Sun'
수잔루드베키아 '프레리 선'

숙근초 / 국화과 / 원추천인국속

🌸 7~8월　　↑ 4월, 10월　　↕ 1m

Rudbeckia fulgida var. *sullivantii* 'Goldsturm'
설리번트루드베키아 '골드스투름'

숙근초 / 국화과 / 원추천인국속

🌸 7~8월　　↑ 4월, 10월　　↕ 1m

Aesculus hippocastanum 'Hampton Court Gold'
가시칠엽수 '햄튼 코트 골드'

낙엽 활엽 교목 / 칠엽수과 / 칠엽수속

| 7월 | 3월, 10월 | 15m |

Corylopsis sinensis var. *sinensis* 'Spring Purple'
민둥중국히어리 '스프링 퍼플'

낙엽 활엽 관목 / 조록나무과 / 히어리속

| 3~4월 | 3월, 10월 | 3~4m |

Corylopsis glabrescens var. *gotoana* 'Chollipo'
일본반들히어리 '천리포'

낙엽 활엽 관목 / 조록나무과 / 히어리속

| 3~4월 | 3월, 10월 | 2.5~4.5m |

Epimedium pinnatum subsp. *colchicum*
에피메디움 피나툼 콜키쿰

숙근초 / 매자나무과 / 삼지구엽초속

| 3~4월 | 3월, 10월 | 50cm |

Erythronium tuolumnense
에리스로니움 투오룸넨세

숙근초 / 백합과 / 얼레지속

🌸 3~4월 ⬆ 3월, 10월 ↕ 30cm

Lysimachia punctata
점좁쌀풀

숙근초 / 앵초과 / 참좁쌀풀속

🌸 4월 ⬆ 3월, 10월 ↕ 1m

Forsythia viridissima
의성개나리

낙엽 활엽 관목 / 물푸레나무과 / 개나리속

🌸 4~5월 ⬆ 3월, 10월 ↕ 3m

Primula chungensis
프리물라 쿵겐시스

숙근초 / 앵초과 / 앵초속

🌸 5~6월 ⬆ 3월, 10월 ↕ 70cm

빨간색

Red

하드윅 홀 가든.

영국왕립원예협회 로즈무어 가든(RHS Rosemoor Garden).

빨강은 정열과 흥분의 상징이면서 역동적인 힘을 느끼게 한다. 주변에서 흔히 볼 수 있는 신호등의 빨강은 위험이나 경고를 의미하기도 하지만, 빨간 장미는 열정적인 사랑의 표현이기도 하다. 미국의 색채학자 비렌(Faber Birren)의 연구 결과에 의하면 빨간색 환경에 놓이면 심장박동수가 높아진다고 한다.

빨강은 이렇듯 정열, 흥분, 자신감, 위험, 경고, 따뜻함, 애정 등 다양한 이미지를 만들어 내는 매력을 가지고 있다. 우리 주변에는 빨간색을 띠고 있는 식물의 종류가 많다. 빨간색은 화단에 없어서는 안 되는 색 중에 하나라, 각각의 느낌을 살려 화사하면서도 개성을 살릴 수 있는 '레드가든(red garden)'을 만들어 보자.

빨간색은 강한 인상을 준다

빨간색 하면 빨간 신호등이 떠오른다. 강한 인상을 주기 때문에 눈에도 잘 띄고 멀리서도 시야에 잘 들어온다. 빨간색의 강한 인상을 더욱 잘 살리기 위해서는 다른 색과 섞어서 심기보다 초록색을 바탕으로 단일한 색으로 배치하는 것이 좋다. 242쪽 위 사진에서처럼 회양목 테두리를 배경으로 베고니아(*Begonia*)의 빨간색 꽃이 전체 이미지를 연출하도록 하고, 그와 비슷한 색인 분홍색 꽃을 피우는 베고니아로 포인트를 준다. 베고니아는 잎보다 꽃이 무성하게 피기 때문에 정원 전체를 꽉 메우기에 적당한 식물이며, 깔끔하면서도 모던한 이미지를 연출하기에 좋다.

햄튼 코트 플라워 쇼(2006).

빨간색은 흐트러진 분위기를 모아 준다

빨간색 꽃을 피우는 식물은 화단에도 많이 심지만 화분에 심어서 강조하면 효과적이다. 화분에 노란색, 분홍색, 파란색, 주황색 등 다양한 색의 꽃이 피는 식물을 모아 심다 보면 전체적인 이미지가 흐려질 수 있는데, 포인트로 빨간색의 꽃을 소량 섞어 주면 전체가 정리되는 느낌을 줄 수 있다.

하드윅 홀 가든.

세인트 앤드류 보타닉 가든.

햄튼 코트 플라워 쇼(2006).

베닝브로 홀 앤드 가든스.

빨간색은 식욕을 돋우는 색이다

고급 레스토랑에 가면 왠지 '세련되다'는 느낌을 받게 되는데, 유심히 둘러보면 테이블, 의자, 요리 도구에 이르기까지 빨간색이 눈에 들어오는 경우가 많다. 빨간색은 고급스러움을 더하는 동시에 식욕을 돋우는 색이기 때문이다. 빨간색 토마토·딸기·피망이 식탁에 올라오면 싫고 좋고를 떠나 식욕이 생기고 원기가 회복되는 느낌이 든다. 유럽의 정원을 거닐다 보면 채소정원의 토마토와 벽면을 타고 올라가도록 유인해서 키운 체리를 자주 보게 된다. 고풍스러운 벽을 타고 오르며 주렁주렁 매달린 체리는 식욕을 자극할 뿐만이 아니라 시각적으로 우아하기까지 하다.

큐 가든 팜 하우스 앞.

러샴 하우스.

빨간색과 노란색의 조화

에리시뭄(*Erisimum*)의 노란색 꽃과 빨간색 튤립꽃의 만남은 밝고 경쾌한 느낌을 준다. 전체적으로는 노란색 바탕에 흰색을 약간 섞으면 흰색 꽃이 노란색과 빨간색을 연결시켜 주는 역할을 할 수 있다. 희망을 주는 노란색과 정열적이면서도 사랑스러운 힘을 발산하는 빨간색의 연출은 화사한 봄의 이미지와 잘 어울린다.

햄튼 코트 플라워 쇼(2006).

빨간색과 분홍색의 조화

빨간색은 연분홍색과 만나면 부드러운 분위기를 자아내며, 진분홍색과 만나면 세련되고 멋있는 인상을 주는 동시에 우아한 색 조합을 완성할 수 있다. 연분홍색 차이브(*Allium schoenoprasum*)꽃 사이에 피어난 튤립꽃은 마치 요정의 집처럼 귀엽다. 진분홍색과 진한 빨간색(프리뮬라)은 색상환에서 보면 바로 이웃하는 색이기 때문에 자연스럽게 어울리고, 꽃 중앙의 노란색이 두 색을 연결시켜 주면서 더욱 조화가 잘 이루어진다. 빨간색·분홍색·노란색은 모두 이웃하는 색으로 함께 조합하면 친근함을 느낄 수 있다.

첼시 플라워 쇼(2006).

햄튼 코트 플라워 쇼(2006).

큐 가든 팜 하우스 앞.

빨간색과 초록색의 조화

빨간색과 초록색은 색상환에서 정반대에 위치하는 보색 관계다. 넓은 잔디밭과 푸르른 숲을 배경으로 다양한 색이 조화를 이루고 있지만, 단연 돋보이는 색은 빨간색이다. 전체적인 비율을 보았을 때 빨간색의 양은 아주 적은 편이지만, 만병초의 밝고 선명한 빨간색이 전체를 잘 아우르며 조화를 이루고 있다. 빨간색의 독특한 매력을 채도나 명도의 차이에 따라 폭넓게 이용해 보자.

새빌 가든.

빨간색과 진밤색의 조화

다알리아의 빨간색 꽃 뒤로 진밤색 칸나잎이 훌륭한 배경색이 되어 주고 있다. 진밤색은 트로피컬(tropical)한 이미지를 연출하는데 적합한 색으로, 여름의 화단을 더욱 강렬하게 표현할 때 쓰이기도 한다. 진밤색 칸나잎과 만난 다알리아꽃은 채도가 높아 더욱 선명해지면서 햇빛을 받은 엷은 꽃잎이 투명하게 빛을 발한다. 전체적으로는 어두운 색이지만 채도의 깊이에 따라 선명하고 따뜻한 느낌을 줄 수 있다.

빨간색과 파스텔 톤 컬러의 조화

빨간색을 메인 테마로 만든 튤립정원이다. 빨간색을 돋보이게 하기 위해서는 오히려 빨간색과 비슷한 계열의 주황색이나 보라색 등을 섞어서 전체적인 분위기를 끌어 올리는 것이 좋다. 하지만 면적이 너무 넓어지면 눈이 쉽게 피로해지니 흰색과 옅은(파스텔 톤) 노란색, 파란색을 혼합해 부드러운 분위기를 만들어 내면 효과적이다.

위슬리 가든.

Acer japonicum
일본당단풍

낙엽 활엽 교목 / 단풍나무과 / 단풍나무속

5월 | 3월, 10월 | 8m

Acer palmatum 'Crippsii'
단풍나무 '크립시'

낙엽 활엽 관목 / 단풍나무과 / 단풍나무속

5월 | 3월, 10월 | 1.5m

Anthyllis vulneraria var. *coccinea*
안틸리스 불네라리아 코키네아

숙근초 / 콩과 / 안틸리스속

5월 | 4월, 10월 | 50cm

Begonia 'Compte de Lesseps'
베고니아 '콤테 데 레셉스'

숙근초(온실) / 베고니아과 / 베고니아속

🌸 자유롭게 개화　　↑ 4월, 10월　　↕ 1.2m

Camellia 'Arbutus Gum'
동백나무 '아뷰터스 검'

상록 활엽 소교목 / 차나무과 / 동백나무속

🌸 12~5월　　↑ 3월, 10월　　↕ 6m

Begonia 'Flo'Belle Moseley'
베고니아 '플로벨 모즐리'

숙근초(온실) / 베고니아과 / 베고니아속

🌸 자유롭게 개화　　↑ 4월, 10월　　↕ 1.2m

Camellia japonica 'Nigra'
동백나무 '니그라'

상록 활엽 소교목 / 차나무과 / 동백나무속

🌸 12~5월　　↑ 3월, 10월　　↕ 4m

Begonia 'Sea Serpent'
베고니아 '시 서펀트'

숙근초(온실) / 베고니아과 / 베고니아속

🌸 자유롭게 개화　　↑ 4월, 10월　　↕ 1.2m

Camellia purpurea
카멜리아 푸르푸레아

상록 활엽 소교목 / 차나무과 / 동백나무속

🌸 12~5월　　↑ 3월, 10월　　↕ 4m

Camellia 'Satan's Robe'
동백나무 '사탄스 로브'

상록 활엽 소교목 / 차나무과 / 동백나무속

| 12~5월 | 3월, 10월 | 4m |

Chaenomeles × *superba*
카에노멜레스 수페르바

낙엽 활엽 관목 / 장미과 / 명자나무속

| 3~5월 | 3월, 10월 | 1.5m |

Camellia × *williamsii* 'Freedom Bell'
윌리엄스동백나무 '프리덤 벨'

상록 활엽 관목 / 차나무과 / 동백나무속

| 12-5월 | 3월, 10월 | 2m |

Chaenomeles × *superba* 'Nicoline'
카에노멜레스 수페르바 '니콜라인'

낙엽 활엽 관목 / 장미과 / 명자나무속

| 3~5월 | 3월, 10월 | 1.5m |

Chaenomeles speciosa
명자꽃(산당화)

낙엽 활엽 관목 / 장미과 / 명자나무속

| 3~5월 | 3월, 10월 | 1.5m |

Euphorbia pulcherrima 'Regina'
포인세티아 '레지나'

한해살이풀 / 대극과 / 대극속

| 12월 | 11월 | 0.5~1m |

Helianthemum 'Henfield Brilliant'
헬리안테뭄 '헨필드 브릴리언트'

숙근초 / 시스투스과 / 헬리안테뭄속

4~6월　　3월, 10월　　50~80cm

Paoonia peregrina
퍼레그리나작약

숙근초 / 작약과 / 작약속

5~8월　　3월, 10월　　0.8~1.2m

Meconopsis regia
메코놉시스 레기아

숙근초 / 양귀비과 / 메코놉시스속

5~6월　　3월, 10월　　0.8~1m

Primula auricula 'Fanfare'
프리물라 아우리쿨라 '팬페어'

숙근초 / 앵초과 / 앵초속

3월　　3월, 10월　　40cm

Ourisia coccinea
오우리시아 코시네아

숙근초 / 질경이과 / 오우리시아속

5~6월　　3월, 10월　　0.5~1m

Ranunculus asiaticus
라눈쿨루스 아시아티쿠스

숙근초 / 미나리아재비과 / 미나리아재비속

3~5월　　3월, 10월　　0.5~1m

Rhododendron 'Carmen'
만병초 '카르멘'

상록 활엽 관목 / 진달래과 / 진달래속

| 4~6월 | 3월, 10월 | 1~1.5m |

Rosa 'Parkdirektor Riggers'
장미 '파크디렉토르 리거스'

낙엽 활엽 덩굴성 관목 / 장미과 / 장미속

| 6~7월 | 3월, 10월 | 8m |

Rhododendron 'Elizabeth'
만병초 '엘리자베스'

상록 활엽 관목 / 진달래과 / 진달래속

| 4~6월 | 3월, 10월 | 1~3m |

Rosa The Times Rose 'Korpeahn'
장미 '코르페안'

낙엽 활엽 관목 / 장미과 / 장미속

| 6~7월 | 3월, 10월 | 2m |

Ribes speciosum
후크시아꽃까치밥나무

낙엽 활엽 관목 / 범의귀과 / 까치밥나무속

| 4~5월 | 3월, 10월 | 1~2m |

Rosa 'Wilhelm'
장미 '빌헬름'

낙엽 활엽 덩굴성 관목 / 장미과 / 장미속

| 6~7월 | 3월, 10월 | 8m |

Salvia splendens 'Van-Houttei'
깨꽃 '반호테이'

한해살이풀 / 꿀풀과 / 배암차즈기속

🌸 5~8월　　⬆ 3월, 10월　　↕ 0.5~1m

Skimmia japonica 'Cecilia Brown'
스키미아 야포니카 '세실리아 브라운'

상록 활엽 관목 / 운향과 / 스키미아속

🌸 4월　　⬆ 3월, 10월　　↕ 1~2m

Tulipa sp.
산자고속 식물

구근 숙근초 / 백합과 / 산자고속

🌸 5월　　⬆ 10월　　↕ 50~80cm

Anthurium 'Red Love'
안스리움 '레드 러브'

숙근초(온실) / 천남성과 / 안스리움속

🌸 자유롭게 개화　　⬆ 4월, 10월　　↕ 0.5~1m

Astilbe × *arendsii* 'Fanal'
아스틸베 아렌디시이 '파날'

숙근초 / 범의귀과 / 노루오줌속

🌸 6월　　⬆ 4월, 10월　　↕ 50~80cm

Camellia japonica 'Grand Slam'
동백나무 '그랜드 슬램'

상록 활엽 소교목 / 차나무과 / 동백나무속

| ❀ 12~5월 | ↑ 3월, 10월 | ↕ 4m |

Dahlia sp.
다알리아속 식물

구근 숙근초 / 국화과 / 다알리아속

| ❀ 7~8월 | ↑ 4월, 10월 | ↕ 0.5~1m |

Cornus alba 'Sibirica'
흰말채나무 '시비리카'

낙엽 활엽 관목 / 층층나무과 / 층층나무속

| ❀ 5~6월 | ↑ 3월, 10월 | ↕ 1.5~3m |

Erysimum cheiri 'Blood Red'
에리시뭄 체이리 '블러드 레드'

한해살이풀 / 십자화과 / 쑥부지깽이속

| ❀ 4~5월 | ↑ 3월, 10월 | ↕ 0.5~1m |

Pelargonium 'Ardens'
제라늄 '아르덴스'

숙근초 / 쥐손이풀과 / 쥐손이풀속

| 6~8월 | 4월, 10월 | 0.5~1m |

Tulipa subpraestans
툴리파 수브프라에스탄스

구근 숙근초 / 백합과 / 산자고속

| 5월 | 10월 | 50cm |

Gladiolus 'Robinetta'
글라디올루스 '로비네타'

구근 숙근초 / 붓꽃과 / 글라디올루스속

| 6~7월 | 4월, 10월 | 1~1.5m |

Viburnum betulifolium
자작잎가막살나무

낙엽 활엽 관목 / 인동과 / 산분꽃나무속

| 4~5월 | 3월, 10월 | 2~3m |

주황색

Orange

마운트 스튜어트(Mount Stewart).

위슬리 가든.

빨간색과 노란색의 중간색인 주황색은 빨간색의 열정적인 이미지와 노란색의 화사한 이미지를 골고루 갖춘 색이다. 주황색 꽃을 피우는 한련화와 마리골드는 이미 우리에게 잘 알려진 꽃이기도 하고, 최근에는 텃밭에 심어 벌레를 퇴치하는 식물로 이용되기도 한다. 주황색은 주로 여름 정원을 더욱 돋보이게 하지만, 봄부터 가을까지 우리의 눈을 즐겁게 해 주고 미각을 자극하기도 한다. 생각만 해도 기분이 좋아지는 오렌지색의 상큼함이 그대로 정원 곳곳을 물들인다.

주황색은 태양의 에너지를 담고 있다

노란색이 태양을 상징한다면, 주황색은 태양빛을 받아 만들어진 에너지를 표현한다. 1년 내내 태양 빛을 받다가 가을의 끝에 탄생하는 탐스러운 주황색 귤이나 감을 떠올려 보자. 주황색은 결실의 색이기도 하다. 보기만 해도 기분이 좋아지는 주황색은 가까이에 두고 오래오래 보고 싶은 마음이 생기게 한다.

위슬리 가든.

주황색은 '더운' 느낌을 '따뜻한' 느낌으로 바꾸어 준다

여름 정원을 걷다 보면 파란색과 흰색 꽃들이 주로 눈에 들어온다. 더운 여름을 식혀 주기 위한 연출이다. 하지만 더운 여름을 더욱 뜨겁게 느끼게 해 주는 빨간색과 노란색 사이에 주황색을 섞으면 더운 느낌을 따뜻하면서도 상큼한 이미지로 바꾸어 줄 수 있다. 물을 타고 흐르는 듯한 느낌을 주는 주황색의 부드러움을 정원에 표현해 보자.

헤스터콤 가든스.

주황색은 가을의 끝에서 겨울로 이어 주는 색이다

가을의 멋은 역시 단풍이다. 사람의 힘으로는 도저히 만들어 낼 수 없는 신비로움이 단풍잎 한 장에 고스란히 녹아 있다. 초록색에서 노란색으로, 노란색에서 주황색으로, 주황색에서 빨간색으로 이어지는 변화 속에는 눈에 보이지 않는 더 많은 색이 존재한다. 단풍이 곱게 물드는 가을, 신비로운 주황색은 겨울의 문턱을 조심스럽게 두드린다.

셰필드 파크 가든(Sheffield Park Garden).

주황색과 흰색의 조화

순백의 팬지꽃을 배경으로 오렌지색 튤립꽃이 하늘을 향해 뭉실뭉실 피어났다. 팬지와 튤립의 조합은 봄 화단에서 가장 많이 볼 수 있다. 두 가지 꽃이 지니는 색상의 어울림 또한 무어라 표현할 수 없을 정도로 아름답다. 너무나 깨끗한 팬지와 자칫하면 너무 강하게 느껴질 수 있는 튤립의 아름다움은 초록의 잔디를 배경으로 하고 있어서 더욱 눈이 부시다.

큐 가든 팜 하우스 앞.

주황색과 노란색의 조화

크로코스미아(Crocosmia)의 주황색 꽃이 노란색 꽃에 둘러싸여 있다. 둘 다 여름 화단의 강한 느낌을 더욱 두드러지게 한다. 두 색의 강한 느낌을 약간 보완하기 위해서 보라색 꽃을 피우는 버들마편초(Verbena bonariensis)를 섞는 세심함이 돋보인다. 보일 듯 안 보일 듯, 마치 공중에 떠 있는 것 같은 느낌이다. 보라색은 주황색과 노란색의 반대편에 있는 보색이기 때문에 조금만 섞어도 눈에 잘 들어오는 효과가 있다.

햄튼 코트 플라워 쇼(2006).

주황색과 초록색의 조화

노란색, 빨간색, 크림색, 주황색 등 다양한 색의 꽃을 피우는 한련화는 텃밭에 심으면 진딧물 예방에 효과가 있다. 연잎을 닮은 한련화 잎은 우리에게 친숙하게 다가온다. 양배추잎은 청색이 들어간 짙은 초록색이지만, 한련화잎은 밝으면서도 깨끗한 색의 초록색이라 한련화의 다양한 꽃 색이 무리 없이 조화를 이루게 한다. 특히 주황색 한련화꽃은 전체 이미지를 밝고 선명하게 해 준다.

스코트랜드 켈리 캐슬 앤드 가든(Kellie Castle & Garden).

주황색과 갈색의 조화

원추리속 식물(*Hemerocallis*)의 짙은 주황색, 노란색, 분홍색 꽃이 하늘을 향해 활짝 피어 있다. 한여름 화단에서만 볼 수 있는 원추리속 식물의 매력은 배경에 갈색 차조기(*Perilla frutescens* var. *acuta*, 정명은 소엽)가 있어서 더욱 돋보인다. 차조기의 짙은 갈색과 가까운 곳에 역시 진갈색의 원추리속 식물이 있고, 그 앞으로 노란색과 분홍색 꽃이 이어진다. 맨 뒤쪽으로 흰색 꽃을 피운 국화가 차조기의 어둡지만 차분한 빛깔을 살려 주는 역할을 한다. 노란색, 분홍색, 주황색, 갈색, 흰색이 있는 곳의 주인공은 단연 주황색이다.

햄튼 코트 플라워 쇼(2006).

주황색과 파란색의 조화

주황색 백합꽃과 파란색 델피니움(*Delphinium*) 꽃의 조합이다. 누구도 상상하기 어려운 이 두 색은 영국의 정원사인 거트루드 지킬만이 소화할 수 있는 색 조합일 것이다. 주황색과 파란색은 보색 관계로 정반대되는 색이다. 거트루드 지킬이 디자인한 헤스터콤 하우스의 메인 정원에서만 볼 수 있는 과감하면서도 역동감을 느낄 수 있는 식물 조합이다.

헤스터콤 가든.

주황색과 노란색의 조화

4월이면 꽃을 피우는 산철쭉(*Rhododendron*)은 흰색부터 짙은 보라색에 이르기까지 여러 따뜻한 색깔의 꽃을 피운다. 노란색과 주황색은 가장 비슷한 색이기도 해서 어떤 종류의 꽃과도 잘 어울린다. 서로의 색을 빛나게 하면서 따뜻한 봄날의 산책길을 밝게 비추어 줄 수 있다.

먼스테드 우드(Munstead Wood).

Anthyllis vulneraria var. *coccinea*
안틸리스 불네라리아 코키네아

숙근초 / 콩과 / 안틸리스속

| 5~6월 | 4월, 10월 | 20cm |

Canna indica
인디카칸나

숙근초 / 홍초과 / 칸나속

| 6~7월 | 4월, 10월 | 2.5m |

Crocosmia 'Lucifer'
크로코스미아 '루시퍼'

구근 숙근초 / 붓꽃과 / 애기범부채속

| 7~8월 | 4월, 10월 | 1~1.2m |

Desfontania spinosa
데스폰타니아 스피노사

상록 활엽 관목 / 마전과 / 데스폰타니아속

| ❀ 7~8월 | ↑ 3월, 10월 | ↕ 2m |

Erysimum cheiri 'Fire King'
에리시뭄 체이리 '파이어 킹'

한해살이풀 / 십자화과 / 쑥부지깽이속

| ❀ 4~6월 | ↑ 4월, 10월 | ↕ 60cm |

Edgeworthia chrysantha 'Red Dragon'
삼지닥나무 '레드 드래곤'

낙엽 활엽 관목 / 팥꽃나무과 / 삼지닥나무속

| ❀ 3~4월 | ↑ 3월, 10월 | ↕ 1~2.5m |

Euphorbia griffithii 'Dixter'
유포르비아 그리피티이 '딕스터'

숙근초 / 대극과 / 대극속

| ❀ 7~8월 | ↑ 4월, 10월 | ↕ 90cm |

Embothrium coccineum
엠보트리움 코키네움

상록 활엽 교목 / 프로테아과 / 엠보트리움속

| ❀ 5~6월 | ↑ 4월, 10월 | ↕ 8m |

Euphorbia griffithii 'Fern Cottage'
유포르비아 그리피티이 '펀 코티지'

숙근초 / 대극과 / 대극속

| ❀ 7~8월 | ↑ 4월, 10월 | ↕ 90cm |

Fritillaria imperialis
프리틸라리아 임페리알리스

구근 숙근초 / 백합과 / 패모속

🌼 4월 　　🡹 9월 　　↕ 0.8~1m

Helianthemum 'Henfield Brilliant'
헬리안테뭄 '헨필드 브릴리언트'

숙근초 / 키스투스과 / 헬리안테뭄속

🌼 5~7월 　　🡹 3월, 10월 　　↕ 80cm

Glumicalyx flanaganii
글루미카리스 플라나가니이

숙근초 / 현삼과 / 글루미카리스속

🌼 5월 　　🡹 4월, 10월 　　↕ 60cm

Hemerocallis sp.
원추리속 식물

숙근초 / 백합과 / 원추리속

🌼 6~7월 　　🡹 3월, 10월 　　↕ 1~1.2m

Helenium sp.
헬레니움속 식물

숙근초 / 국화과 / 헬레니움속

🌼 6~8월 　　🡹 3월 　　↕ 0.8~1.2m

Heuchera 'Caramel'
휴케라 '캐러멜'

숙근초 / 범의귀과 / 휴케라속

🌼 6~7월 　　🡹 3월, 10월 　　↕ 60cm

Iris Seedling SDB3
붓꽃 종류

숙근초 / 붓꽃과 / 붓꽃속

🌸 5월   ↑ 3월, 10월   ↕ 60cm

Kalanchoe 'Zebedi'
칼랑코에 '제베디'

숙근초(온실) / 돌나물과 / 칼랑코에속

🌸 1~2월   ↑ 4월, 10월   ↕ 30cm

Kalanchoe fedtschenkoi
칼랑코에 페드첸코이

숙근초(온실) / 돌나물과 / 칼랑코에속

🌸 1~2월   ↑ 4월, 10월   ↕ 30cm

Lantana sp.
란타나속 식물

숙근초 / 마편초과 / 란타나속

🌸 6~8월   ↑ 3월, 10월   ↕ 1m

Kalanchoe manginii
칼랑코에 만기니이

숙근초(온실) / 돌나물과 / 칼랑코에속

🌸 1~2월   ↑ 4월, 10월   ↕ 30cm

Lilium sp.
백합속 식물

구근 숙근초 백합과 / 백합속

🌸 6~8월   ↑ 3월   ↕ 1m

Lonicera × *brownii* 'Dropmore Scarlet'
로니세라 브로우니이 '드롭모어 스칼렛'

낙엽 활엽 덩굴성 관목 / 인동과 / 인동속

| 🌸 6~8월 | ⬆ 3월, 10월 | ↕ 5m |

Narcissus 'Danae'
수선화 '다나에'

구근 숙근초 / 수선화과 / 수선화속

| 🌸 4월 | ⬆ 10월 | ↕ 60cm |

Metrosideros lucida
메트로시데로스 루시다

상록 활엽 관목 / 도금양과 / 메트로시데로스속

| 🌸 5~6월 | ⬆ 4월, 10월 | ↕ 4m |

Narcissus 'Electrus'
수선화 '엘렉트루스'

구근 숙근초 / 수선화과 / 수선화속

| 🌸 4월 | ⬆ 10월 | ↕ 60cm |

Narcissus 'Czardas'
수선화 '차르다스'

구근 숙근초 / 수선화과 / 수선화속

| 🌸 4월 | ⬆ 10월 | ↕ 60cm |

Narcissus 'Firebrand'
수선화 '파이어브랜드'

구근 숙근초 / 수선화과 / 수선화속

| 🌸 4월 | ⬆ 10월 | ↕ 60cm |

Narcissus 'My Story'
수선화 '마이 스토리'

구근 숙근초 / 수선화과 / 수선화속

❀ 4월 ↑ 10월 ↕ 60cm

Narcissus 'Tahiti'
수선화 '타히티'

구근 숙근초 / 수선화과 / 수선화속

❀ 4월 ↑ 10월 ↕ 60cm

Narcissus 'Perfect Lady'
수선화 '퍼펙드 레이디'

구근 숙근초 / 수선화과 / 수선화속

❀ 4월 ↑ 10월 ↕ 60cm

Narcissus 'Upalong'
수선화 '우파롱'

구근 숙근초 / 수선화과 / 수선화속

❀ 4월 ↑ 10월 ↕ 60cm

Narcissus 'Suzy'
수선화 '수지'

구근 숙근초 / 수선화과 / 수선화속

❀ 4월 ↑ 10월 ↕ 60cm

Narcissus 'Woodland Star'
수선화 '우드랜드 스타'

구근 숙근초 / 수선화과 / 수선화속

❀ 4월 ↑ 10월 ↕ 60cm

Narcissus cv.
수선화 원예종

구근 숙근초 / 수선화과 / 수선화속

❀ 4월　　↑ 10월　　↕ 60cm

Pyrostegia venusta
피로스테기아 베누스타

낙엽 활엽 관목 / 능소화과 / 피로스테기아속

❀ 1월　　↑ 4월, 10월　　↕ 6m

Papaver lateritium
파파베르 라테리티움

한해살이풀 / 양귀비과 / 양귀비속

❀ 5~8월　　↑ 3월, 10월　　↕ 80cm

Rhododendron 'Conroy'
만병초 '콘로이'

낙엽 활엽 관목 / 진달래과 / 진달래속

❀ 6~7월　　↑ 4월, 10월　　↕ 1.5m

Primula auricula 'Fanfare'
프리물라 아우리쿨라 '팬페어'

숙근초 / 앵초과 / 앵초속

❀ 3~4월　　↑ 3월, 10월　　↕ 30cm

Rhododendron kaempferi
캠퍼철쭉

낙엽 활엽 관목 / 진달래과 / 진달래속

❀ 4~5월　　↑ 3월, 10월　　↕ 1~2.5m

Rhododendron 'Spicy Lights'
로도덴드론 '스파이시 라이츠'

낙엽 활엽 관목 / 진달래과 / 진달래속

4~5월　　3월, 10월　　1~2.5m

Rosa Old John 'Dicwillynilly'
장미 올드 존 '딕윌리닐리'

낙엽 활엽 관목 / 장미과 / 장미속

6~7월　　3월, 10월　　90cm

Spiraea japonica 'Golden Princess'
일본조팝나무 '골든 프린세스'

낙엽 활엽 관목 / 장미과 / 장미속

5~6월　　3월, 10월　　0.8~1m

Cornus sanguinea 'Midwinter Fire'
붉은말채나무 '미드윈터 파이어'

낙엽 활엽 관목 / 층층나무과 / 층층나무속

5월　　3월, 10월　　1~1.5m

Epimedium × *warleyense* 'Orangekönigin'
윌리삼지구엽초 '오란제쾨니긴'

숙근초 / 매자나무과 / 삼지구엽초속

4~5월　　3월, 10월　　30~60cm

Fritillaria imperialis 'Aureomarginata'
프리틸라리아 임페리알리스 '아우레오마지나타'

구근 숙근초 / 백합과 / 패모속

| ❀ 4월 | ↑ 9월 | ↕ 0.8~1m |

Tulipa clusiana var. *chrysantha*
툴리파 클루시아나 크리산타

구근 숙근초 / 백합과 / 산자고속

| ❀ 4~5월 | ↑ 10월 | ↕ 50cm |

Iris 'Feu du Ciel'
이리스 '푸 뒤 시엘'

숙근초 / 붓꽃과 / 붓꽃속

| ❀ 6월 | ↑ 3월, 10월 | ↕ 0.8~1m |

Watsonia sp.
왓소니아속 식물

구근 숙근초 / 붓꽃과 / 왓소니아속

| ❀ 8월 | ↑ 4월, 10월 | ↕ 1m |

파란색

Blue

이든 프로젝트.

해치랜드 파크(Hatchland Park).

파란색은 늘 우리에게 친근하다. 눈을 들어 하늘을 보면 평온한 느낌의 파란 하늘이 그렇고, 온갖 생명을 품고 유유히 흐르는 강과 바다가 그렇다. 하늘과 강과 바다의 색은 늘 '파란색'이라 불리지만, 그 깊이에 따라 혹은 대기의 움직임에 따라 옅고 짙음의 차이가 있다. 너무 짙으면 어둡기도 하고 때로는 차갑게 다가오지만, 옅은 파란색의 경우는 맑으면서도 신비로운 느낌마저 들게 한다. 우리의 시야에 들어오는 전체 색채 중에 반이 파란색인 이유는 일상에서 느껴지는 불안한 마음을 차분하게 달래 주기 때문일 것이다. 언제 보아도 질리지 않는 파란색. 늘 파랗지만 늘 똑같지 않은 파란색의 매력을 정원으로 끌고 들어와 하늘과 정원 사이에서 인간이 아름다움을 느낄 수 있도록 이미지를 연출해 보자.

파란색은 후퇴하는 색이다

파란색은 색상환에서 보면 노란색의 반대편에 위치하며, 밝은 이미지보다 어두운 이미지가 더 강하다. 또 가라앉는 느낌이 들기도 한다. 그래서 정원에서 파란색 꽃을 이용하고 싶을 때는 뒷부분에 배치하는 것이 효과적이다. 어느 정도 심을지도 중요한데, 파란색을 도드라지게 하고 싶을 경우 되도록 많은 양을 군락으로 심는 것이 좋고, 포인트로 넣고 싶을 때는 양은 적게 하되, 진한 파란색의 꽃을 골라서 한눈에 들어오게 하는 것이 좋다.

로즈무어 가든.

파란색은 시원한 느낌을 준다

파란색 꽃이 피는 식물은 여름 화단에 안성맞춤이다. 덥고 뜨거운 여름 날씨에 지쳐 있을 때 정원에서 파란색 꽃을 피우는 델피니움이나 물망초 등의 식물을 보면 시원한 느낌이 들면서 기분이 좋아진다. 계곡물이 흐르는 암석원이나 습지의 연못 옆에 물망초를 심으면 시원함이 두 배로 증가한다. 특히 여름에는 노란색 꽃이 많이 피는데, 노란색 꽃 옆에 같이 심으면 보색 효과를 볼 수 있다. 각각의 색이 눈에 잘 띄면서도 서로를 잘 어울리게 한다.

반 가든(Vann Garden).

새빌 가든 호수 주변.

반 가든.

위슬리 가든.

연상시키는 차가운 이미지가 있다. 짙은 파랑인 '마린 블루'는 냉정하고 차가운 느낌을 준다. 이 두 가지의 느낌을 각각 살려서 난색 계통의 주황색과 빨간색을 섞어 역동적이면서도 대담한 이미지를 연출해 보자.

파란색의 깊이(옅고 짙음)에 따라 이미지가 달라진다

파란색은 옅은 파랑에서부터 짙은 파랑에 이르기까지 다양한 색상으로 나타난다. 옅은 파랑의 경우 '스카이 블루'라고도 부르며, '희망적' 또는 '적극적'이라는 단어를

파란색과 분홍색의 조화

파란색과 분홍색이 만나면 로맨틱하면서도 귀여운 이미지가 생긴다. 파란색에서 빨간색으로 넘어가는 사이에 있는 분홍색은 그 어떤 꽃과도 잘 어울린다. 연한 파란색에서 진한 파란색으로 이어지는 히아신스속 식물 사이에 분홍색 꽃을 피운 프리물라가 자연스럽게 배치되어 있다. 프리물라의 꽃 가운데 노란색 포인트가 히아신스의 파란색 꽃을 더욱 선명하게 해 준다.

할로 카 가든.

이든 프로젝트.

파란색과 노란색의 조화

스카이 블루 색의 꽃을 피우는 아가판서스와 큼지막한 백합꽃의 밝은 노란색, 그리고 배경이 되어 주는 루드베키아가 수채화 물감을 풀어 놓은 듯 부드럽게 조화를 이루고 있다. 파란색과 노란색은 색상환에서 서로 반대쪽에 있어서 서로 눈에 잘 띄게 하는 매력이 있다. 가능하다면 식물을 심을 때 파란색과 노란색 꽃의 양이 반반이 되게 하는 것이 포인트다.

파란색과 보라색의 조화

파란색과 보라색은 비슷하면서도 서로 다른 매력을 가지고 있다. 우아한 느낌을 주는 보라색 클레마티스꽃과 하늘까지 닿을 것 같은 스카이 블루 색 델피니움꽃이 서로의 매력을 한껏 강조해 주고 있다. 이 두 식물의 조합은 색뿐만 아니라 둥글고 뾰족한, 개성적인 형태의 느낌을 부드럽게 완화해 주는 역할도 한다. 동글동글한 클레마티스꽃이 우뚝 솟아오르는 델피니움을 적절하게 잡아 주고 있다.

로즈무어 가든.

그레이트 딕스터 가든.

파란색과 주황색의 조화

보라색에 가까운 파란색 꽃을 피우는 락스푸르(Larkspur)가 긴 화단 전체의 배경이 되고 있고, 그 앞으로 크로커스미아의 오렌지색 꽃이 주렁주렁 늘어져 있다. 색상환에서 노란색 가까이에 위치한 주황색은 강력하면서도 날카로운 이미지를 연출한다. 여름 화단에 딱 어울리는 조합이다.

파란색과 은색의 조화

백묘국(Jacobaea maritima)의 은색 잎과 파란색 살비아(Salvia)꽃의 조화가 단정하면서도 고상한 느낌을 준다. 초록색 잔디밭에 다소곳이 내려앉은 듯한 화단이 그 너머에 잘 다듬어 놓은 주목을 배경으로 더욱 뚜렷하게 보인다. 정원사의 정성스러운 손길이 느껴지는 정원이다. 은빛이 도는 백묘국의 이미지가 겸손하게 느껴지기까지 한다.

햄튼 코트 플라워 쇼(2006).

파란색과 파스텔색의 조화

파란색과 보라색, 분홍색, 빨간색, 흰색의 어울림이 상쾌하면서도 우아하다.

아네모네꽃이 고풍스러움과 우아함을 더해 주는 것 같다. 얇고 하늘하늘한 꽃잎을 지닌 아네모네가 있다는 것이 신기하다. 각각의 색은 비슷한 비율로 조합하는 것이 적합하다.

헬리건 가든스(The Lost Gardens of Heligan).

파란색과 흰색의 조화

파란색과 조합했을 때 가장 화사함을 연출할 수 있는 색이 바로 흰색이다. 파란색과 흰색 조합은 여름에 시원한 느낌을 주기 위해 많이 시도하지만, 봄 화단에도 매력적인 화사함과 아름다움을 더할 수 있다. 팬지꽃이 만드는 파란 물결 위에 튤립의 흰색 꽃잎이 떠다니는 듯한 느낌을 준다. 멀리 보이는 분홍색 꽃들이 화사한 분위기를 더욱 강조하고 있다.

큐 가든 팜 하우스와 연못.

Agapanthus 'Streamline'
아가판서스 '스트림라인'

구근 숙근초 / 백합과 / 아가판서스속

| 7월 | 4월 | 0.8~1m |

Ageratum sp.
등골나물아재비속 식물(불로초)

한해살이풀 / 국화과 / 등골나물아재비속

| 6월 | 3월, 10월 | 50cm |

Anchusa azurea
앙쿠사 아주레아

숙근초 / 지치과 / 앙쿠사속

| 6월 | 4월, 10월 | 0.5~1m |

Anemone blanda
아네모네 블란다

구근 숙근초 / 미나리아재비과 / 바람꽃속

❀ 4월 ↑ 3월, 10월 ↕ 10cm

Buglossoides purpurocaerulea
부글로스소이데스 푸르푸로카에룰레아

숙근초 / 지치과 / 부글로스소이데스속

❀ 5월 ↑ 3월, 10월 ↕ 60cm

Aquilegia viscosa subsp. *hirsutissima*
아킬레기아 비스코사 히르수티시마

숙근초 / 미나리아재비과 / 매발톱꽃속

❀ 5월 ↑ 4월, 10월 ↕ 50~80cm

Campanula sp.
초롱꽃속 식물

숙근초 / 초롱꽃과 / 초롱꽃속

❀ 6~7월 ↑ 4월, 10월 ↕ 0.5~1m

Borago officinalis
보리지

한해살이풀 / 지치과 / 보라고속

❀ 6월 ↑ 3월, 10월 ↕ 0.5~1m

Corydalis 'Tory MP'
코리달리스 '토리 MP'

숙근초 / 현호색과 / 현호색속

❀ 5월 ↑ 3월, 10월 ↕ 30cm

Echinops sp.
절굿대속 식물

숙근초 / 국화과 / 절굿대속

| 🌸 7월 | ⬆ 3월, 10월 | ↕ 0.5~1m |

Lithospermum diffusa
리토스페르뭄 디푸사

숙근초 / 지치과 / 지치속

| 🌸 5월 | ⬆ 3월, 10월 | ↕ 50cm |

Hepatica × media
헤파티카 메디아

숙근초 / 미나리아재비과 / 노루귀속

| 🌸 4월 | ⬆ 3월, 10월 | ↕ 20cm |

Lithospermum diffusa 'Star'
리토스페르뭄 디푸사 '스타'

숙근초 / 지치과 / 지치속

| 🌸 5월 | ⬆ 3월, 10월 | ↕ 60cm |

Hepatica transsilvanica
트란실바니카노루귀

숙근초 / 미나리아재비과 / 노루귀속

| 🌸 4월 | ⬆ 3월, 10월 | ↕ 50cm |

Lithospermum erythrorhizon
지치

활엽 관목 / 지치과 / 지치속

| 🌸 5월 | ⬆ 3월, 10월 | ↕ 0.5~1m |

Meconopsis betonicifolia
히말라야푸른양귀비

숙근초 / 양귀비과 / 메코놉시스속

🌼 6월　　⬆ 3월, 10월　　↕ 0.5~1m

Muscari latifolium
무스카리 라티폴리움

구근 숙근초 / 백합과 / 무스카리속

🌼 4월　　⬆ 3월, 10월　　↕ 20cm

Mertensia virginica
버지니아갯지치

숙근초 / 지치과 / 갯지치속

🌼 5월　　⬆ 4월, 10월　　↕ 50cm

Pericallis × *hybrida* Royalty Series
페리칼리스 히브리다 로열티 시리즈

숙근초 / 국화과 / 시네라리아속

🌼 5월　　⬆ 3월, 10월　　↕ 50cm

Muscari armeniacum
무스카리 아르메니아쿰

숙근초 / 백합과 / 무스카리속

🌼 4월　　⬆ 3월, 10월　　↕ 20cm

Pericallis x *hybrida* Royalty Series
페리칼리스 히브리다 로열티 시리즈

숙근초 / 국화과 / 시네라리아속

🌼 5월　　⬆ 3월, 10월　　↕ 50cm

Pulmonaria longifolia
긴잎풀모나리아

숙근초 / 지치과 / 풀모나리아속

| 4~7월 | 4월, 10월 | 40cm |

Viola 'Duchess de Parme'
제비꽃 '더치스 드 팜'

숙근초 / 제비꽃과 / 제비꽃속

| 2월 | 3월, 10월 | 20cm |

Symphytum asperum
심피툼 아스페룸

숙근초 / 지치과 / 컴프리속

| 5월 | 3월, 10월 | 0.6~2m |

Vinca difformis
빈카 디포르미스

상록 활엽 덩굴성 숙근초 / 협죽도과 / 빈카속

| 5월 | 3월, 10월 | 50cm |

Baptisia australis
밥티시아 아우스트랄리스

숙근초 / 콩과 / 밥티시아속

❀ 6월   ↑ 3월, 10월   ↕ 1~1.5m

Hyacinthus orientalis 'Blue Star'
히아신스 '블루 스타'

구근 숙근초 / 백합과 / 히아신스속

❀ 3~4월   ↑ 3월, 10월   ↕ 30cm

Chionodoxa luciliae
키오노독사 루킬리아이

구근 숙근초 / 백합과 / 키오노독사속

❀ 4월   ↑ 3월, 10월   ↕ 50cm

Iris 'Impetuous'
이리스 '임페투우스'

숙근초 / 붓꽃과 / 붓꽃속

❀ 6월   ↑ 3월, 10월   ↕ 0.5~1m

Malva sylvestris 'Primley Blue'
당아욱 '프라임리 블루'

한해살이풀 / 아욱과 / 아욱속

| 🌸 6월 | ⬆ 3월, 10월 | ↕ 1~2m |

Scilla liliohyacinthus
실라 릴리오히아신수스

구근 숙근초 / 백합과 / 무릇속

| 🌸 4월 | ⬆ 3월, 10월 | ↕ 30cm |

Omphalodes cappadocicum
옴팔로데스 카파도키쿰

숙근초 / 지치과 / 자반풀속

| 🌸 5월 | ⬆ 3월, 10월 | ↕ 50cm |

분홍색

Pink

스코트랜드 켈리 캐슬 앤드 가든.

이든 프로젝트.

분홍색 하면 떠오르는 느낌은 단연 '귀여움'일 것이다. 따뜻함, 상쾌함, 발랄함, 우아함, 봄 같은 단어도 떠오를 것이다. 어린아이처럼 귀엽고, 봄의 튤립처럼 상쾌하면서 우아한 분홍색. 분홍색의 비밀은 역시 빨간색과 흰색의 만남이다. 강렬하면서도 뜨거운 빨간색에 밝고 부드러운 흰색이 섞이면서 따뜻하고 부드러우며 우아한 색이 새롭게 탄생한다. 빨간색에 가까운 분홍색부터 보라색에 가까운 분홍색에 이르기까지 분홍색은 정말 다양한 색조로 모든 이의 시선을 사로잡는다. 정원에서는 절대 빼놓을 수 없는 색인 '핑크'의 세계로 들어가 보자.

분홍색은 봄을 떠오르게 한다

모든 생명이 움트는 계절 '봄'은 식물이 태양빛을 받으며 색을 만들어 내는 신비로운 계절이다. 겨우내 꽃봉오리를 오므리고 있다가 따뜻한 햇살을 듬뿍 머금고 우아하게 피어나는 분홍빛 동백꽃, 봄이면 우리나라 온 산천을 뒤덮는 연분홍색 진달래꽃 등 분홍색 꽃을 피우는 식물들은 갖가지 색조로 봄에 분홍빛을 입힌다.

런던 플라워 쇼(2006), 카멜리아 퍼스트 프라이즈 (Camellia First Prize).

분홍색은 거의 모든 종류의 꽃에서 볼 수 있다

벚나무, 진달래, 장미, 동백나무, 스위트피, 튤립, 철쭉 등 우리 주변에는 분홍색 꽃을 피우는 식물이 셀 수 없이 많다. 특별한 몇 종류의 꽃을 제외하고는 거의 모든 종류의 꽃에서 분홍색 꽃을 볼 수 있다. 사람들이 좋아하는 색이라 늘 곁에 두고 싶은 욕망 때문에 만들어진 식물도 많다. 언제 보아도 질리지 않는 분홍색 꽃을 사계절 내내 정원으로 초대해 보자.

위슬리 가든의 페튜니아 종류.

분홍색은 따뜻한 이미지를 가지고 있다

추운 겨울이 지나고 봄이 오면, 노란색과 분홍색 꽃이 정원 여기저기에서 피어나기 시작한다. 활짝 꽃잎을 여는 분홍색 꽃을 보고 있노라면 더욱 봄의 따뜻함을 느끼게 된다. 강렬한 느낌의 빨간색과 태양만큼이나 뜨거운 이미지의 주황색 사이에 분홍색이 놓이면, 강한 느낌의 두 이미지를 중화시켜 주면서,

따뜻하고 부드러운 기운이 저절로 퍼진다. 유난히 산철쭉을 많이 보게 되는 봄에는 흰색, 분홍색, 빨간색 산철쭉꽃을 보면서 따뜻한 봄의 기운을 만끽할 수 있다.

글레남 캐슬 벽정원(Glenarm Castle Walled Garden).

나이먼스 가든.

분홍색과 흰색의 조화

깨끗하고 밝은 이미지의 국화과식물 안테미스(Anthemis punctata subsp. cupaniana)와 분홍색 겹꽃 장미가 주변을 환하게 밝혀 주고 있다. 깨끗함, 귀여움, 청순함을 모두 보여 주는 듯하다. 봄에서 여름으로 넘어가는 6월의 정원을 화사하게 장식하기에 충분하다. 안테미스는 키가 그리 크지 않기 때문에 장미가 있는 벽 아래에 심으면 장미 덩굴이 늘어지면서 자연스럽게 어우러질 수 있다.

분홍색과 초록색의 조화

담을 타고 올라가는 쥐다래(Actinidia kolomikta)의 잎을 처음 본 순간, 그만 넋을 잃고 말았다. 식물의 잎은 보통 초록색이고, 색이 좀 달라도 단색인 경우가 대부분이다. 하지만 쥐다래잎은 한 장의 잎에 두 가지 색이 함께 공존하면서 마치 꽃이 피어 있는 것처럼 보인다. 자연의 색인 초록색이 바탕이 되고, 연하고 진한 분홍색이 잎을 자유자재로 물들이고 있다. 어떤 색에도 잘 어울리는 초록색과 분홍색의 만남은 서로를 더욱 잘 드러나게 하면서도, 서로를 끌어안아 주는 느낌을 준다.

위슬리 가든.

분홍색과 파란색의 조화

분홍색과 파란색은 색상환에서 거의 반대쪽에 있어 둘 다 선명하게 보이는 효과가 있다. 분홍색 꽃을 피우는 자주천인국(*Echinacea purpurea*)은 꽃의 지름이 10센티미터에 가깝기 때문에 웅장한 느낌이 든다. 파란색 공 같은 꽃을 피우는 절굿대(*Echinops*) 역시 한눈에 들어올 정도로 꽃이 크고 색이 진한 편이다. 둘 다 국화과 식물이라 구체적인 생김새는 약간 다르지만 전체적인 이미지는 비슷하다. 보색 효과를 제대로 보려면 이 두 식물의 양을 5:5의 비율로 심는 것이 좋다.

스코트랜드 켈리 캐슬 앤드 가든.

분홍색과 노란색의 조화

화단 전체의 이미지만 보았을 때는 약간 눈이 피로하고 산만한 느낌이 든다. 분홍색과 노란색 조합은 정원에서 그렇게 많이 쓰지 않는다. 노란색은 밝고 화사한 이미지를, 분홍색은 귀엽고 따뜻한 이미지를 가지고 있는데, 이 둘이 만나면 서로의 개성이 뭉개져 버리기 쉽기 때문이다. 사진 속 노란색 꽃인 에리시뭄(*Erysimum*)의 노란색이 너무 짙다는 느낌도 든다. 하지만 다행스럽게도 튤립의 분홍색 꽃에 흰색 테두리가 있다. 이 흰색이 두 가지 색을 자연스럽게 연결해 주는 역할을 한다.

할로 카 가든.

분홍색과 연보라색의 조화

덩굴장미와 클레마티스는 그야말로 찰떡궁합이다. 어떤 색의 장미꽃과 만나도 클레마티스꽃은 잘 어울린다. 비슷한 색상인 분홍색과 보라색은 가까운 거리에서 부드럽게 서로 녹아든다. 약간 진한 분홍색의 장미꽃이 배경이 되고 연보라색 클레마티스꽃이 그 앞에 오면서 세심한 느낌의 색조 변화를 연출하고 있다.

큐 가든 팜 하우스 앞.

Actinidia kolomikta
쥐다래

낙엽 활엽 덩굴성 소교목 / 다래나무과 / 다래나무속

| 6~7월 | 3월, 10월 | 4~8m |

Arctostaphylos pajaroensis 'Paradise'
아르크토스타필로스 파자로엔시스 '파라다이스'

상록 활엽 관목 / 진달래과 / 아르크토스타필로스속

| 4~6월 | 3월, 10월 | 1~2m |

Actinidia pilosula
악티니디아 필로술라

낙엽 활엽 덩굴성 소교목 / 다래나무과 / 다래나무속

| 5~6월 | 3월, 10월 | 5m |

Argyranthemum 'Petite Pink'
아르기란테뭄 '프티 핑크'

숙근초 / 국화과 / 아르기란테뭄속

| 5~7월 | 3월, 10월 | 60cm |

Alstroemeria 'Striped Bird'
알스트로메리아 '스트립트 버드'

숙근초 / 알스트로메리아과 / 알스트로메리아속

| 6~7월 | 3월, 10월 | 0.8~1m |

Astrantia major 'Roma'
아스트란티아 마요르 '로마'

숙근초 / 산형과 / 아스트란티아속

| 7~9월 | 3월, 10월 | 0.5~1m |

Bergenia × *schmidtii*
베르게니아 스키미드티이

숙근초 / 범의귀과 / 돌부채속

2~4월　　3월, 10월　　0.5~1m

Camellia 'Leonard Messel'
동백나무 '레너드 메셀'

상록 활엽 소교목 / 차나무과 / 동백나무속

12~5월　　3월, 10월　　4m

Camellia japonica 'Niobe'
동백나무 '니오베'

상록 활엽 소교목 / 차나무과 / 동백나무속

12~5월　　3월, 10월　　3m

Camellia reticulata 'Nobel Peat'
레티쿨라타동백 '노벨 피트'

상록 활엽 소교목 / 차나무과 / 동백나무속

12~5월　　3월, 10월　　4m

Camellia japonica 'Rainy Sun'
동백나무 '레이니 선'

상록 활엽 소교목 / 차나무과 / 동백나무속

12~5월　　3월, 10월　　4m

Camellia 'Spring Festival'
동백나무 '스프링 페스티벌'

상록 활엽 소교목 / 차나무과 / 동백나무속

12~5월　　3월, 10월　　4m

Camellia × *williamsii*
윌리엄스동백나무

상록 활엽 소교목 / 차나무과 / 동백나무속

| 12~5월 | 3월, 10월 | 4m |

Daphne cneorum var. *eximea*
다프네 크네오룸 엑시메아

상록 활엽 관목 / 팥꽃나무과 / 백서향속

| 4~5월 | 3월, 10월 | 1~1.2m |

Camellia × *williamsii* 'Donation'
윌리엄스동백나무 '도네이션'

상록 활엽 소교목 / 차나무과 / 동백나무속

| 12~5월 | 3월, 10월 | 5m |

Daphne × *burkwoodii* 'Albert Burkwood'
버크우드서향 '알버트 버크우드'

상록 활엽 관목 / 팥꽃나무과 / 백서향속

| 4~5월 | 3월, 5월 | 1~1.2m |

Chaenomeles speciosa 'Moerloosei'
명자꽃 '모어루시'

낙엽 활엽 관목 / 장미과 / 명자나무속

| 3~5월 | 3월, 5월 | 1.5m |

Darmera peltata
다르메라 펠타타

숙근초 / 범의귀과 / 다르메라속

| 4~5월 | 3월, 10월 | 1.5m |

Deutzia longifolia 'Veitchii'
긴잎말발도리 '베이트키'

낙엽 활엽 관목 / 장미과 / 말발도리속

| 4~6월 | 3월, 10월 | 1.5~2.5m |

Helianthemum 'Georgeham'
헬리안테뭄 '조지햄'

숙근초 / 키스투스과 / 헬리안테뭄속

| 5~7월 | 3월, 10월 | 0.5~1m |

Dianthus 'Pink Jewel'
패랭이꽃 '핑크 주얼'

숙근초 / 석죽과 / 패랭이꽃속

| 5~6월 | 3월, 10월 | 60cm |

Leptospermum scoparium 'Ruby Wedding'
마누카 '루비 웨딩'

상록 활엽 관목 / 도금양과 / 렙토스페르뭄속

| 5~7월 | 3월, 10월 | 1~2m |

Dicentra spectabilis
금낭화

숙근초 / 양귀비과 / 애기금낭화속

| 5~7월 | 3월, 10월 | 0.8~1.2m |

Lewisia cotyledon var. heckneri
레위시아 코틸레돈 헤크네리

숙근초 / 쇠비름과 / 레위시아속

| 3~5월 | 3월, 10월 | 50cm |

Magnolia 'Apollo'
목련 '아폴로'

낙엽 활엽 교목 / 목련과 / 목련속

4월 | 3월, 10월 | 5~10m

Menziesia 'Spring Morning'
멘지에시아 '스프링 모닝'

낙엽 활엽 관목 / 진달래과 / 멘지에시아속

6~7월 | 3월, 10월 | 1.5m

Magnolia 'Felix Jury'
목련 '펠릭스 주리'

낙엽 활엽 교목 / 목련과 / 목련속

4월 | 3월, 10월 | 5~10m

Paeonia mascula subsp. *russoi*
페오니아 마스쿨라 루소이

숙근초 / 장미과 / 작약속

5~8월 | 3월, 10월 | 0.8~1.2m

Magnolia 'Galaxy'
목련 '갤럭시'

낙엽 활엽 교목 / 목련과 / 목련속

4월 | 3월, 10월 | 5~10m

Prunus 'Kanzan'
벚나무 '칸잔'

낙엽 활엽 교목 / 장미과 / 벚나무속

4~5월 | 3월, 10월 | 5~6m

Prunus 'Shirofugen'
벚나무 '시로푸겐'

낙엽 활엽 교목 / 장미과 / 벚나무속

| 4~5월 | 3월, 10월 | 5~8m |

Rhododendron 'Hinomayo'
만병초 '히노마요'

상록 활엽 관목 / 진달래과 / 진달래속

| 4~6월 | 3월, 10월 | 1~3m |

Rhododendron 'Cotton Candy'
만병초 '코튼 캔디'

상록 활엽 관목 / 진달래과 / 진달래속

| 4~6월 | 3월, 10월 | 1~3m |

Rhododendron 'Johnny Rose'
만병초 '조니 로즈'

상록 활엽 관목 / 진달래과 / 진달래속

| 4~6월 | 3월, 10월 | 1~3m |

Rhododendron 'Desert Orchid'
만병초 '데저트 오키드'

상록 활엽 관목 / 진달래과 / 진달래속

| 4~6월 | 3월, 10월 | 1~3m |

Rhododendron 'Ken Janeck'
만병초 '켄 자넥'

상록 활엽 관목 / 진달래과 / 진달래속

| 4~6월 | 3월, 10월 | 1~3m |

Rhododendron 'Mystic'
만병초 '미스틱'

상록 활엽 관목 / 진달래과 / 진달래속

| 4~6월 | 3월, 10월 | 1~3m |

Rhododendron 'Seven Stars'
만병초 '세븐 스타스'

상록 활엽 관목 / 진달래과 / 진달래속

| 4~6월 | 3월, 10월 | 1~3m |

Rhododendron 'Patricia's Day'
만병초 '패트리샤스 데이'

상록 활엽 관목 / 진달래과 / 진달래속

| 4~6월 | 3월, 10월 | 1~3m |

Rhodohypoxis 'Tetra Red'
로도히포시스 '테트라 레드'

숙근초 / 수선화과 / 설난속

| 4~6월 | 3월, 10월 | 20cm |

Rhododendron 'Rosy Morn'
만병초 '로지 몬'

상록 활엽 관목 / 진달래과 / 진달래속

| 4~6월 | 3월, 10월 | 1~3m |

Rosa 'Belinda'
장미 '벨린다'

낙엽 활엽 덩굴성 관목 / 장미과 / 장미속

| 6~7월 | 3월, 10월 | 2m |

Rosa multiflora 'Grevillei'
찔레꽃 '그레빌레이'

낙엽 활엽 덩굴성 관목 / 장미과 / 장미속

| 6~7월 | 3월, 10월 | 4~8m |

Agastache Acapulco Bicolor Salmon Rose 'Kiegabi'
꽃배초향 '키에가비'

숙근초 / 꿀풀과 / 배초향속

| 6~7월 | 3월, 10월 | 0.8~1.2m |

Viburnum × *burkwoodii*
버크우드분꽃나무

낙엽 활엽 관목 / 인동과 / 산분꽃나무속

| 4~6월 | 3월, 10월 | 1~3m |

Lychnis coronaria
우단동자꽃

숙근초 / 석죽과 / 동자꽃속

| 5~8월 | 3월, 10월 | 0.6~1m |

Olearia phlogopappa Splendens Group
올레아리아 플로고파파 스플렌덴스 그룹

숙근초 / 국화과 / 올레아리아속

❀ 4~6월 | ↑ 3월, 10월 | ↕ 0.6~1m

Phlox maculata 'Alpha'
플록스 마쿨라타 '알파'

숙근초 / 꽃고비과 / 풀협죽도속

❀ 6~8월 | ↑ 3월, 10월 | ↕ 0.5~1m

Persicaria affinis 'Hartswood'
페르시카리아 아피니스 '하츠우드'

숙근초 / 마디풀과 / 여뀌속

❀ 5~7월 | ↑ 3월, 10월 | ↕ 15~20cm

Primula japonica 'Miller's Crimson'
일본앵초 '밀러스 크림슨'

숙근초 / 앵초과 / 앵초속

❀ 5~7월 | ↑ 3월, 10월 | ↕ 50~80cm

보라색

Purple

시싱허스트 가든.

큐 가든 팜 하우스.

보라색은 빨간색과 파란색을 섞어서 만들 수 있는 색이다. 강렬하면서도 화사한 이미지의 빨간색과 차분하면서도 시원하고 상쾌한 이미지의 파란색이 섞이면서 신비롭고 환상적인 아름다움을 품은 보라색이 만들어진다. 옛날 사람들은 보라색은 구하기 어려운 염료라는 인식 때문에 귀한 색으로 여겨 왔다. 그래서 보라색은 왕이나 귀족의 색이라 불리기도 한다. 보라색을 만들어 내기 위해 빨간색과 파란색을 섞을 때, 빨간색이 더 많이 들어가면 '레드퍼플(red-purple)' 색이 되고, 파란색이 더 많이 들어가면 '블루퍼플(blue-purple)' 색이 된다. 보라색이 지닌 신비로운 분위기와 고귀한 색상 이미지를 이용해 정원을 연출할 수 있다. 비슷한 색상끼리 모아 단계적으로 차이를 두어(gradation) 변화를 줄 수도 있고, 단독으로 사용해 더욱 돋보이게 해도 효과적이다.

보라색은 고풍스러움을 자아낸다

보라색과 연관된 이미지를 설명하는 단어를 찾아보면 대부분 우아함, 화려함, 고상함 등이다. 보라색은 '성숙하다'는 느낌이 다른 색에 비해 강한 편이다. 우리 주변에서 흔히 볼 수 있는 보라색 꽃을 꼽으라면 당연히 제비꽃이다. 보라색 꽃을 피우는 식물 중에서 봄이 되면 들판에서 제일 먼저 만날 수 있는 풀이기도 하고, 누구나 한번쯤 제비꽃으로 꽃반지를 만들어 손가락에 끼고 놀았던 추억이 있을 정도로 친숙한 풀이기 때문이다. 채소 중에서는 여름 보양식의 재료가 되는 가지가 떠오를 것이다. 원예종으로는 클레마티스 종류의 꽃이 대표적이다. 클레마티스는 우리나라 자생식물인 큰꽃으아리(*Clematis patens*)와 같은 속으로, 꽃 모양이 비슷하다. 클레마티스는 다양한 원예종이 있어 유럽 정원에서는 빼놓을 수 없는 정도로 일반화된 식물 중 하나이다. 덩굴식물인 클레마티스가 무언가를 타고 올라가면서 만들어 내는 우아하고 고풍스러운 분위기는 일품이다. 클레마티스가 유럽의 오래된 담장을 타고 올라가는 모습을 보고 있으면 누구나 그 매력에 빠져들고 만다.

하드윅 홀 가든.

보라색의 매력은 다양한 컬러 톤이다

다양한 톤의 보라색 꽃을 피우는 식물을 꼽으라고 하면 단연 아이리스(*Iris*, 붓꽃속)일 것이다. 흰색이 들어간 연한 보라색부터 빨간색에 가까운 진한 보라색까지, 파스텔 톤의 부드러움을 느낄 수 있는 색부터 강렬한 색까지 매우 다양한 톤의 보라색 꽃을 피운다. 아이리스는 화단에서도 잘 자라지만 물가에 심으면 그 아름다움이 더욱 증폭되어 물과 꽃이 하나가 되는 듯한 신비로움을 느낄 수 있다. 만약 정원에 연못이 없는데, 강을 연출하고 싶다면 아이리스의 다양한 색감을 이용해서 물의 정원(Water Garden)을 연출할 수 있다. 파란색과 보라색의 만남을 이용해 정원의 깊이를 느낄 수 있게 해 보자.

잘 선택해서 다양한 표정을 지닌 정원을 연출해 보자.

키프츠게이트 코트 가든스(Kiftsgate Court Gardens).

위슬리 가든 아이리스 시험포 화단.

보라색은 격려의 색이다

보라색은 짙고 옅음 혹은 햇빛이 비치는 곳과 그늘진 곳 등 장소에 따라서도 느낌이 다르게 다가온다. 배경색이 옅고 빛이 잘 드는 곳에서는 가볍고 신비한 이미지를 연출하지만, 배경색이 짙고 빛이 잘 들지 않는 곳에서는 중후하면서 우울한, 기분이 가라앉는 듯한 느낌을 받을 수도 있다. 심리학 측면에서 보면 정서적으로 불안함을 느낄 때 보라색을 이용한 그림을 그린다고 하는데, 이것은 불안감의 표현임과 동시에 딛고 일어서려는 욕망을 표현하기도 한다. 보라색은 화사하고 우아한 색이면서 가라앉을 수 있는 마음의 상태를 회복시켜 주는 격려의 색이기도 하다. 이 점을 잘 활용해 꽃의 질감이나 색의 밝고 어두움을

보라색과 주황색의 조화

보라색과 주황색의 만남은 그리 찾기 쉽지 않다. 색상환에서는 파란색과 노란색 사이에 있지만 보색에 가까울 정도로 비교적 멀리 떨어져 있다. 사진 속 꽃은 둘 다 다알리아꽃으로 꽃잎이 여러 겹인 종과 단정한 느낌의 한 겹 꽃잎을 지닌 종이 만나 당당하면서도 명쾌한 인상을 준다. 이 두 색상의 만남이 어울릴 수 있는 이유는 너무 진하지 않은 주황색 다알리아꽃과 귀여운 꽃잎을 가진 보라색 다알리아꽃이 만났기 때문일 것이다.

스코트랜드 켈리 캐슬 앤드 가든.

위슬리 가든.

보라색과 분홍색의 조화

클레마티스(*Clematis* 'Warszawska Nike')의 매력은 역시 꽃잎이 만들어 내는 부드러운 선과 구불구불 올라오는 가지 끝에 매달리는 꽃봉오리일 것이다. 자색에 가까운 짙은 클레마티스꽃이 자아내는 중후함이 배경에 깔리면서, 장미의 연분홍색 꽃잎(*Rosa* Fulton Mackay 'Cocdana')이 환상적인 색 조화를 이루어 낸다. 분홍색 장미꽃이 보라색 클레마티스꽃에 반사되어 마치 꽃잎에 보라색이 들어가 있는 듯한 착각이 들게 한다. 요정의 치맛자락 같은 장미 꽃잎들이 클레마티스가 그려내는 선과 무척 잘 어울린다.

보라색과 노란색의 조화

연보라색 꽃을 피우는 헤스페리스 마트로날리스(*Hesperis matronalis*)를 배경으로 노란색 루피너스(*Lupinus*)꽃과 진한 자줏빛 보라색 아이리스꽃이 조용하면서도 당당하게 각각의 아름다움을 표현하고 있다. 보라색과 노란색은 보색에 가깝지만 둘 다 명도가 높은 연한 색을 선택했기 때문에 자연스럽게 어우러진다. 루피너스의 경우 키가 크고 꽃도 크며 아주 짙은 색의 꽃을 피우는 종류도 많이 있지만, 보라색 배경과 잘 어울릴 수 있도록 꽃이 작고 맑은 느낌의 노란색 꽃을 피우는 루피너스를 선택했다.

첼시 플라워 쇼(2006).

위슬리 가든.

보라색과 빨간색의 조화

버들마편초(*Verbena bonariensis*)의 잔잔한 꽃들이 모여 연보라색 물결을 만들고, 다알리아와 피마자 '카르멘시타'(*Ricinus communis* 'Carmencita')의 빨간색 꽃과 줄기 그리고 넓적한 잎들이 정열적인 느낌으로 다가온다. 아마도 여름 화단이 절정에 이른 모습이 아닐까 싶다. 버들마편초의 길쭉한 꽃들이 자칫하면 키와 강한 색상으로 압도당할 뻔한 정원을 중화시키는 역할을 하고 있다. 보라색과 빨간색이 모두 잘 표현된 조합이라고 할 수 있다.

보라색과 흰색의 조화

꽃잎 모양이 단정한 보라색 튤립꽃과 하늘을 향해 활짝 꽃잎을 펼친 흰색 튤립꽃의 하모니가 봄빛을 더욱 빛나게 한다. 자칫하면 어두울 수 있는 짙은 보라색 꽃 튤립이 흰색 꽃잎 때문에 분위기가 한결 부드럽게 느껴진다. 물론 그 아래를 차지하고 있는 노란색과 분홍색 꽃을 피운 프리물라도 한몫한다. 노란색과 분홍색의 꽃들로 가득 찰 수도 있는 봄 화단에 보라색을 꽃을 피우는 튤립의 등장은 신비로움과 우아함을 선사하며 매력을 더한다.

웨스트 딘 가든.

보라색과 파란색의 조화

보라색의 우아하고 고상한 이미지와 파란색의 고요하고 차분한 이미지가 만나 중후한 느낌을 연출한다. 두 색의 색상 차이는 있지만 사람들이 받아들이는 인상은 비슷하기 때문에 단조로움을 피하기 위해서는 흰색이나 연한 분홍색 꽃을 피우는 식물을 섞어서 우아하면서도 밝은 이미지로 바꾸어 보는 것도 좋겠다. 이 두 색상이 어울리면 역시 어른스러운 차분함이 느껴진다.

Abies koreana
구상나무

상록 교목 / 소나무과 / 전나무속

| 5~6월 | 3월, 10월 | 12m 이상 |

Ajuga reptans
아주가

숙근초 / 꿀풀과 / 조개나물속

| 4~6월 | 3월, 10월 | 20cm |

세인트 앤드류 보타닉 가든.

Clematis 'Perle D'Azur'
클레마티스 '페를 다주르'

낙엽 활엽 덩굴성 관목 / 미나리아재비과 / 으아리속

| 6~8월 | 3월, 10월 | 5m |

Corydalis solida subsp. *incisa*
코르달리스 솔리다 인시사

숙근초 / 현호색과 / 현호색속

✿ 3~4월　　↑ 3월, 10월　　↕ 30cm

Dactylorhiza elata
닥티로리자 엘라타

숙근초 / 난초과 / 개제비란속

✿ 5~7월　　↑ 3월, 10월　　↕ 0.5~1m

Crocus oreocrencus
크로쿠스 오레오크렌쿠스

숙근초 / 붓꽃과 / 크로커스속

✿ 10월　　↑ 3월, 10월　　↕ 10cm

Delphinium 'Michael Ayres'
델피니움 '마이클 아이레스'

두해살이풀 / 미나리아재비과 / 제비고깔속

✿ 6~7월　　↑ 4월　　↕ 1.5~2m

Cyclamen graecum
그래쿰시클라멘

숙근초 / 앵초과 / 시클라멘속

✿ 10~12월　　↑ 3월, 10월　　↕ 20cm

Erodium rodiei
에로디움 로디에이

숙근초 / 쥐손이풀과 / 국화쥐손이속

✿ 5~6월　　↑ 3월, 10월　　↕ 20cm

Erythronium dens-canis 'Purple King'
얼레지 '퍼플 킹'

숙근초 / 백합과 / 얼레지속

3~4월 | 3월, 10월 | 30cm

Geranium psilostemon
제라늄 프실로스테몬

숙근초 / 쥐손이풀과 / 쥐손이풀속

6~7월 | 3월, 10월 | 0.5~1m

Geranium (Cinereum Group) 'Ballerina'
제라늄 '발레리나'

숙근초 / 쥐손이풀과 / 쥐손이풀속

5~6월 | 3월, 10월 | 10~50cm

Geranium × *magnificum*
제라늄 마그니피쿰

숙근초 / 쥐손이풀과 / 쥐손이풀속

5~6월 | 3월, 10월 | 0.5~1m

Geranium phaeum var. *lividum*
제라늄 패움 리비둠

숙근초 / 쥐손이풀과 / 쥐손이풀속

5~6월 | 3월, 10월 | 0.5~1m

Heloniopsis orientalis
흰처녀치마

숙근초 / 백합과 / 처녀치마속

3~4월 | 3월, 10월 | 30cm

Ipheion uniflorum 'Charlotte Bishop'
향기별꽃 '샬롯 비숍'

숙근초 / 백합과 / 향기별꽃속

| 3~4월 | 3월, 10월 | 30cm |

Iris sanguinea
붓꽃

숙근초 / 붓꽃과 / 붓꽃속

| 5~6월 | 3월, 10월 | 0.5~1m |

Iris graminea
이리스 그라미네아

숙근초 / 붓꽃과 / 붓꽃속

| 5~6월 | 3월, 10월 | 50cm |

Lathraea clandestina
라스라에아 클란데스티나

숙근초 / 열당과 / 개종용속

| 4~5월 | 3월, 10월 | 10cm |

Iris 'Prudy'
이리스 '프루디'

숙근초 / 붓꽃과 / 붓꽃속

| 5~6월 | 3월, 10월 | 0.5~1m |

Lathyrus laxiflorus
라시루스 락시플로루스

숙근초 / 콩과 / 연리초속

| 5~6월 | 4월, 10월 | 15~40cm |

Polemonium yezoense 'Purple Rain'
히다카꽃고비 '퍼플 레인'

숙근초 / 꽃고비과 / 꽃고비속

❀ 5~7월　　↑ 3월, 10월　　↕ 60cm

Pulmonaria 'Smoky Blue'
풀모나리아 '스모키 블루'

숙근초 / 지치과 / 풀모나리아속

❀ 4~7월　　↑ 3월, 10월　　↕ 50cm

Primula sieboldii
앵초

숙근초 / 앵초과 / 앵초속

❀ 3~4월　　↑ 3월, 10월　　↕ 50cm

Rhododendron augustinii 'Electra'
파란만병초 '엘렉트라'

상록 활엽 관목 / 진달래과 / 진달래속

❀ 4~5월　　↑ 3월, 10월　　↕ 1.8~2.4m

Pulmonaria 'Cotton Cool'
풀모나리아 '코튼 쿨'

숙근초 / 지치과 / 풀모나리아속

❀ 4~7월　　↑ 3월, 10월　　↕ 50cm

Rhododendron 'Ramapo'
로도덴드론 '라마포'

상록 활엽 관목 / 진달래과 / 진달래속

❀ 4~5월　　↑ 3월, 10월　　↕ 30~45cm

Senecio polyodon
분홍꽃방망이

숙근초 / 국화과 / 금방망이속

5~7월　　3월, 10월　　15~30cm

Triteleia laxa 'Koningin Fabiola'
트리텔레이아 락사 '코닌긴 파비올라'

숙근초 / 백합과 / 트리텔레이아속

6~8월　　3월, 10월　　10~50cm

Solanum crispum 'Glasnevin'
칠레배풍등 '글레스네빈'

숙근초 / 가지과 / 가지속

6~8월　　3월, 10월　　4~8m

Verbena 'Lilla'
버베나 '릴라'

숙근초 / 마편초과 / 마편초속

4~7월　　3월, 10월　　50cm

Syringa vulgaris 'Cora Brandt'
라일락 '코라 브란트'

낙엽 활엽 관목 / 물푸레나무과 / 수수꽃다리속

4~5월　　3월, 10월　　3m

Veronica prostrata
누운방패꽃

숙근초 / 현삼과 / 개불알풀속

5~8월　　3월, 10월　　50cm

Wisteria frutescens 'Longwood Purple'
미국등나무 '롱우드 퍼플'

낙엽 활엽 덩굴성(포복성) 소교목 / 콩과 / 등속

| ❁ 6월 | ↑ 3월, 10월 | ↕ 5m |

Clematis × *durandii*
클레마티스 두란디이

낙엽 활엽 덩굴성 관목 / 미나리아재비과 / 으아리속

| ❁ 6~8월 | ↑ 3월, 10월 | ↕ 5m |

Campanula latifolia 'Brantwood'
캄파눌라 라티폴리아 '브란트우드'

숙근초 / 초롱꽃과 / 초롱꽃속

| ❁ 5~7월 | ↑ 3월, 10월 | ↕ 1~1.2m |

Corydalis decipiens
데키피엔스현호색

숙근초 / 현호색과 / 현호색속

| ❁ 3~4월 | ↑ 3월, 10월 | ↕ 30cm |

Daphne mezereum
이월서향

낙엽 활엽 관목 / 팥꽃나무과 / 백서향속

| 3~4월 | 3월, 10월 | 2m |

Dodecatheon jeffreyi
제프리인디언앵초

한해살이풀 / 앵초과 / 인디언앵초속

| 5~6월 | 3월, 10월 | 45-60cm |

Delphinium 'Summerfield Oberon'
델피니움 '서머필드 오베론'

두해살이풀 / 미나리아재비과 / 제비고깔속

| 6~7월 | 4월 | 1.5~2m |

Penstemon procerus var. *brachyanthus*
펜스테몬 프로케루스 브라키안투스

숙근초 / 현삼과 / 펜스테몬속

| 5~8월 | 3월, 10월 | 60cm |

Primula sieboldii 'Mikado'
앵초 '미카도'

숙근초 / 앵초과 / 앵초속

| 🌼 3~4월 | ⬆ 3월, 10월 | ↕ 50cm |

Roscoea cautleyoides × *humeana*
로스코이아 카우틀레이오이데스 후메아나

숙근초 / 생강과 / 로스코이아속

| 🌼 5~6월 | ⬆ 3월, 10월 | ↕ 80cm |

Rhododendron augustinii
파란만병초

상록 활엽 관목 / 진달래과 / 진달래속

| 🌼 4~5월 | ⬆ 3월, 10월 | ↕ 1.8~2.4m |

Salvia verticillata 'Purple Fairy Tale'
라일락샐비어 '퍼플 페어리 테일'

숙근초 / 꿀풀과 / 배암차즈기속

| 🌼 5~7월 | ⬆ 3월, 10월 | ↕ 0.5~1m |

초록색

Green

첼시 플라워 쇼(2006).

키프츠게이트 코트 가든스.

초록은 자연의 색이다. 파란 하늘과 가장 가깝게 닿는 산 능선이 그렇고, 들판의 풀과 나무가 그렇다. 또 봄이 되면 차가운 냉기를 밀어 올리며 솟아오르는 새싹들의 색도 초록색으로 빛이 난다. 산과 들을 걷다 보면 식물들이 보여 주는 잎과 줄기의 초록색은 참 다양하다. 짙고 검은빛이 나는 진녹색에서부터, 너무 얇어서 햇빛이 통과할 것 같은 연노랑 초록색에 이르기까지. 초록색 하나의 색만으로도 아름답고 멋스러운 정원을 연출할 수 있다. 녹색이 주는 편안함, 생명력, 신선함, 그리고 풋풋한 젊은이들이 가지고 있는 혈기왕성함 같은 이미지를 떠올리면서 '초록색'의 매력에 빠져 보자.

초록색은 모든 색을 아우른다

정원이 아름답기로 유명한 영국의 정원을 구경하다 보면 형언할 수 없는 아름다움에 넋을 잃고 만다. 정원으로 들어가는 입구에서부터 펼쳐지는 웅장한 분위기는 말할 것도 없고, 정원 구석구석 정갈하게 정리된 잔디밭과 울타리 그리고 각각의 스타일대로 꾸며진 화단의 화사함에 감탄사가 저절로 나온다. 꽃에 담긴 세상에 존재하는 모든 색이 때로는 화사하게 때로는 수수하게 화단을 꾸며 주지만, 그 모든 바탕에는 풀과 나무가 지닌 초록색이 있다. 이 초록색이 화단의 다양한 색채들을 품어 준다. 초록은 빨간색, 주황색, 노란색, 파란색 등 모든 색을 아우르는 색이다.

밸리 가든 펀치 볼(Punch Bowl, Valley Garden).

초록색은 모던한 이미지를 연출하기에 좋다

'녹색 정원' 하면 역시 드넓은 정원에 회양목이나 주목을 이용해 그림을 그리듯 나무를 심고 가지치기를 한 모습의 프랑스식 정원이 떠오를 것이다. 마치 각각 모양을 낸 나무로 정원에 수를 놓은 듯하다. 깔끔하면서도 1년 내내 상록이기 때문에 늘 푸른 느낌을 받을 수 있다. 최근 현대식 정원에서도 이런 모습을 간혹 볼 수 있는데, 특히 허브정원에서 로즈마리와 라벤더를 이용해 그림을 그려 나가듯 모던한 이미지를 만들어 낸다. 꽃으로 어떤 모양을 만들어 내기에는 한계가 있는데, 초록색이면서도 더디게 자라고, 단정하면서도 상록성인 작은 나무나 허브류를 이용해 이러한 단점을 극복할 수 있다.

햄튼 코트 가든.

위슬리 가든 채소정원.

초록색은 편안함을 느끼게 해 준다

자연스러운 이미지를 만들어 내는 초록색의 매력은 역시 친근함과 편안함을 느끼게 해 준다는 것이다. 초록색에 노란색이나 연두색을 섞어 주면 명도가 높아져 한가롭고 밝은 느낌을 연출할 수 있으며, 반대로 갈색을 섞어 주면 어둡지만 차분하고 고상한 분위기를 연출할 수 있다. 초록색을 중심으로 표현하고 싶은 이미지를 마음껏 정원으로 끌고 들어와 보자. 우리의 식탁에 올라오는 갖가지 채소들이 가지고 있는 색을 보며 신선하다고 느끼고, 매일 앉아서 공부하는 교실의 칠판도 초록색인 것을 보면 우리는 기본적으로 초록색을 바라볼 때 안정감을 느끼는 것이 분명하다.

초록색과 초록색의 조화

초록색은 진한 초록색부터, 흰색에 가까운 초록색, 황록색, 청록색까지, 표현되는 색조의 폭이 매우 넓다. 그 특징을 잘 활용해서 만든 정원이 구과식물 정원(conifer garden)이다(구과식물은 소나무처럼 원추형 방울 열매가 달리는 식물을 말한다). 주로 상록성 나무들을 모아 심기 때문에 1년 내내 푸르른 정원을 볼 수 있다. 초록색의 다양함을 잘 살리면 정원에서 깊고 얕은 정도, 멀고 가까운 정도를 잘 표현할 수 있다. 겨울에도 초록색을 정원으로 들여오고 싶다면 구과식물 정원을 만들어 보자.

밸리 가든 왜형 침엽수 컬렉션(Dwarf Conifer Collection).

초록색과 흰색의 조화

흰색 꽃을 피우는 식물을 모아 심은 화단이 화이트가든이다. 흰색 꽃이 피는 식물을 모아 심기는 해도 초록색과 흰색의 비율은 7:3 정도로, 흰색보다 초록색 비율이 훨씬 높다. 흰색이 너무 많아지면 흐릿하고 정돈되지 않은 듯한 느낌이 나기 때문이다. 초록색과 흰색을 적절히 조합해 초록색의 편안함과 흰색의 맑고 깨끗함을 효율적으로 어우러지게 해 보자.

트레위덴 가든(Trewithen Garden).

시싱허스트 화이트가든.

초록색과 빨간색의 조화

초록색과 빨간색은 색상환에서 정반대에 위치한 보색 관계다. 정원에서는 초록색은 빨간색을, 빨간색은 초록색을 더욱 돋보이게 하는 역할을 한다. 사진에서 볼 수 있는 만병초는 이 보색 효과를 식물체 하나에서 그대로 보여 주고 있다. 녹색의 잎을 바탕으로 동글동글한 공 모양 빨간색 꽃이 도드라져 선명한 아름다움을 뽐낸다.

초록색과 보라색의 조화

초록색 초원 위에 잔잔한 노란색 꽃을 피우는 라눈쿨루스(*Ranunculus*, 개구리자리)가 바닥에 깔리고, 백합과 알리움의 꽃들이 공중에 떠 있듯 초원 위를 수 놓고 있다. 색상환에서 보라색은 초록색과 거의 보색에 가까운 반대에 위치에 있지만, 중간에 노란색이 들어가 둘 사이를 부드럽게 해 주는 역할을 한다. 초록색, 보라색, 노란색 꽃이 같이 바람에 흔들린다면 그 아름다움은 두 배가 될 것이다.

글레남 캐슬 정원.

Adiantum trapeziforme
아디안툼 트라페지포르메

숙근초 / 봉의꼬리과 / 공작고사리속

🌸 4월　　↑ 3월, 10월　　↕ 0.8~1m

Aucuba japonica 'Variegata'
식나무 '바리에가타'

상록 활엽 관목 / 층층나무과 / 식나무속

🌸 5월　　↑ 3월, 10월　　↕ 1.5~2.5m

Alchemilla caucasica
알케밀라 카우카시카

숙근초 / 장미과 / 알케밀라속

🌸 5~7월　　↑ 3월, 10월　　↕ 60cm

Blechnum chilense
블레크눔 킬렌세

숙근초 / 새깃아재비과 / 새깃아재비속

🌸 8월　　↑ 3월, 10월　　↕ 1.5m

Asparagus densiflorus 'Myersii'
덴시플로루스아스파라거스 '마이어시'

숙근초 / 백합과 / 비짜루속

🌸 6월　　↑ 3월, 10월　　↕ 1~2m

Buxus sempervirens
서양회양목

상록 활엽 관목 / 회양목과 / 회양목속

🌸 4~5월　　↑ 3월, 10월　　↕ 5m

Carpinus cordata
까치박달

낙엽 활엽 교목 / 자작나무과 / 서어나무속

| 🌸 5월 | 🌱 3월, 10월 | ↕ 15m |

Dryopteris × fraser-jenkinsii
드리오프테리스 프라세르엔킨시이

숙근초 / 관중과 / 관중속

| 🌸 4~5월 | 🌱 3월, 10월 | ↕ 0.8~1m |

Chamaerops humilis
부채야자

상록 활엽 소교목 / 야자나무과 / 카마에로프스속

| 🌸 5~7월 | 🌱 3월, 10월 | ↕ 1.5~2m |

Eryngium sp.
에린기움속 식물

숙근초 / 산형과 / 에린기움속

| 🌸 7~8월 | 🌱 3월, 10월 | ↕ 1~1.2m |

Choisya ternata Sundance ('Lich')
코이시아 테르나타 선댄스

상록 활엽 관목 / 운향과 / 코이시아속

| 🌸 6~8월 | 🌱 3월, 10월 | ↕ 1.5~2.5m |

Eryngium variifolium
에린기움 바리폴리움

숙근초 / 산형과 / 에린기움속

| 🌸 7~8월 | 🌱 3월, 10월 | ↕ 0.5~1m |

Euphorbia cornigera
유포르비아 코르니게라

숙근초 / 대극과 / 대극속

❀ 4~7월 　 ↑ 3월, 10월 　 ↕ 0.5~1.5m

Helleborus viridis subsp. *occidentalis*
헬레보루스 비리디스 옥시덴탈리스

숙근초 / 미나리아재비과 / 헬레보루스속

❀ 3~4월 　 ↑ 3월, 10월 　 ↕ 50cm

Euphorbia myrsinites
유포르비아 미르시니테스

숙근초 / 대극과 / 대극속

❀ 4~7월 　 ↑ 3월, 10월 　 ↕ 30~50cm

Hosta 'Lemon Lime'
비비추 '레몬 라임'

숙근초 / 백합과 / 비비추속

❀ 7~8월 　 ↑ 3월, 10월 　 ↕ 0.5~1m

Griselinia littoralis
그리셀리니아 리토랄리스

상록 활엽 소교목 / 그리셀리니아과 / 그리셀리니아속

❀ 6-7월 　 ↑ 3월, 10월 　 ↕ 4~8m

Hosta 'September Sun'
비비추 '셉템버 선'

숙근초 / 백합과 / 비비추속

❀ 7~8월 　 ↑ 3월, 10월 　 ↕ 0.5~1m

Hosta 'Yellow Splash'
비비추 '옐로 스플래시'

숙근초 / 백합과 / 비비추속

7~8월 | 3월, 10월 | 0.5~1m

Justicia brandegeeana 'Yellow Queen'
새우풀 '옐로 퀸'

숙근초 / 쥐꼬리망초과 / 쥐꼬리망초속

4~11월 | 4월, 10월 | 1m

Hosta (Tardiana Group) 'June'
비비추 '준'

숙근초 / 백합과 / 비비추속

7~8월 | 3월, 10월 | 0.5~1m

Larix kaempferi
일본잎갈나무

낙엽 침엽 교목 / 소나무과 / 잎갈나무속

5월 | 3월, 10월 | 3~8m

Juniperus × *media* 'Saybrook Gold'
유니페루스 메디아 '세이브룩 골드'

상록 활엽 교목 / 측백나무과 / 향나무속

5~7월 | 3월, 10월 | 1~1.2m

Lonicera × *purpusii*
퍼퍼스괴불나무

낙엽 활엽 관목 / 인동과 / 인동속

4~5월 | 3월, 10월 | 1.5~2.5m

Magnolia acuminata
황목련

낙엽 활엽 교목 / 목련과 / 목련속

❀ 5월 ↑ 3월, 10월 ↕ 15~20m

Peperomia trinervula
페페로미아 트리네불라

숙근초 / 후추과 / 페페로미아속

❀ 1~2월 ↑ 3월, 10월 ↕ 50cm

Matteuccia struthiopteris
청나래고사리

숙근초 / 야산고비과 / 청나래고사리속

❀ 4~6월 ↑ 3월, 10월 ↕ 0.5~1m

Philadelphus coronarius 'Aureus'
고광나무 '아우레우스'

낙엽 활엽 관목 / 범의귀과 / 고광나무속

❀ 5월 ↑ 3월, 10월 ↕ 1.5~2.5m

Parrotia persica 'Pendula'
파로티아 페르시카 '펜둘라'

낙엽 활엽 관목 / 조록나무과 / 파로티아속

❀ 2~3월 ↑ 3월, 10월 ↕ 1.5m

Picea abies 'Nidiformis'
독일가문비 '니디포르미스'

상록 침엽 관목 / 소나무과 / 가문비나무속

❀ 4~5월 ↑ 3월, 10월 ↕ 1.5m

Pinus densiflora 'Umbraculifera'
소나무 '움브라쿨리페라'

상록 침엽 관목 / 소나무과 / 소나무속

| 4~5월 | 3월, 10월 | 1~3m |

Sorbus alnifolia
팥배나무

낙엽 활엽 교목 / 장미과 / 마가목속

| 5월 | 3월, 10월 | 10~15m |

Plectranthus oertendahlii 'Uvongo'
플렉트란투스 오에르텐다힐리이 '우봉고'

숙근초 / 꿀풀과 / 방아풀속

| 1~2월 | 3월, 10월 | 10~50cm |

Taxus baccata
서양주목

상록 침엽 교목 / 주목과 / 주목속

| 4월 | 3월, 10월 | 15~20m |

Rubus cockburnianus 'Goldenvale'
중국복분자딸기 '골든베일'

낙엽 활엽 덩굴성 관목 / 장미과 / 산딸기속

| 7~8월 | 3월, 10월 | 1.5~2.5m |

Abies delavayi
드라베전나무

상록 침엽 교목 / 소나무과 / 전나무속

7~8월 | 3월, 11월 | 7~40m

Abies sp.
전나무속 식물

상록 침엽 교목 / 소나무과 / 전나무속

4~5월 | 3월, 11월 | 20m

Astelia chathamica
아스텔리아 카사미카

숙근초 / 아스텔리아과 / 아스텔리아속

7~8월 | 3월, 10월 | 1.5m

Euphorbia amygdaloides var. ***robbiae***
유포르비아 아미그달로이데스 로비에

숙근초 / 대극과 / 대극속

4~7월 | 3월, 10월 | 0.5~1.5m

Euphorbia characias subsp. *characias*
유포르비아 카라키아스 카라키아스

숙근초 / 대극과 / 대극속

| 4~7월 | 3월, 10월 | 0.5~1.5m |

Polystichum munitum
폴리스티쿰 무니툼

숙근초 / 관중과 / 십자고사리속

| 4~6월 | 3월, 10월 | 50cm |

Juniperus recurva var. *coxii*
유니페루스 레쿠르바 콕시이

상록 활엽 교목 / 측백나무과 / 향나무속

| 5~8월 | 3월, 10월 | 15~20m |

갈색

Brown

위슬리 가든의 양탄자 모양 화단(carpet bedding).

그레이트 딕스터 가든.

갈색은 우리에게 너무나 친숙한 색이다. 농부가 작물을 키우기 위해 씨를 뿌리는 '흙'이 갈색이고 나뭇가지나 줄기, 가을이 되면 물드는 나뭇잎 속에도 갈색이 뿌려져 있다. 자연이 만들어 내는 여러 가지 색 중에서 우리들의 마음을 가장 차분하고 편안하게 해 주는 색이 갈색 아닐까. 너무 가라앉지도 않으면서, 너무 화려하지도 않은 갈색의 매력을 조용히 들여다보자.

갈색은 화단의 훌륭한 배경색이 되어 준다

자연에 가장 가까운 색인 갈색은 초록색만큼이나 모든 색을 포용한다. 영국 정원 중에서도 다양한 색상을 역동적으로 연출하기로 유명한 그레이트 딕스터 가든 사진을 살펴보자. 큰 나무들의 짙은 초록색이 맨 뒷배경으로 깔리고, 그 앞으로 벼과 식물의 연한 갈색 꽃들이 부드럽게 흔들린다. 그 앞으로는 진한 빨간색과 보색인 진한 파란색이 넓게 분포하면서 시선을 자극한다. 만약에 빨간색과 파란색의 배경으로 갈색이 오지 않았다면 보는 이가 금세 피로감을 느낄 것이다. 갈색과 가까운 베르바스쿰(Verbascum)의 노란색 꽃이 군데군데 위치해 갈색과 균형을 맞추어 주는 역할을 한다.

그레이트 딕스터 가든.

갈색은 물과 잘 어울린다

물 위에 떠서 귀여운 잎과 예쁜 꽃을 피우는 수련. 수면 위로 떠오르는 잎 윗부분은 광합성을 하기 위해 초록색이지만, 아래쪽은 물과 녹색의 잎이 닿으며 갈색이 된다. 아마도 갈색을 띠는 것이 물속 생물들로부터 보호받기에 더 좋을지도 모른다. 다양한 생물이 사는 연못에는 주로 부들이나 붓꽃 등 수생식물들이 자라면서 영양분을 제공한다. 그 덕분에 먹을 것을 찾기 위해 생물들이 모여들면서 물의 색이 검은빛을 띠게 되는 것이다. 초록색 잎과 파란색·노란색 꽃을 피우는 붓꽃, 그리고 갈색 수련이 이 검은빛 연못에 우아하면서도 고상한 느낌을 입힌다.

새빌 가든.

갈색 가지의 아름다움은 겨울에 더욱 돋보인다

겨울이 되면 나뭇가지에 붙어 있던 잎들이 하나둘 떨어지기 시작하고 나무는 알몸이 된다. 초록색 잎으로 싸여 보호받던 가지들이 드러나면서, 마치 하늘을 향해 춤추는 멋진 무용수처럼 자유로워 보인다. 나무의 오래된 줄기는 마치 울퉁불퉁한 근육처럼 튀어나와 있지만, 배롱나무는 줄기가 매우 부드러워 보인다. 화려한 꽃들이 모두 모습을 감춘 겨울. 겨울 정원에서 상록의 잎과 꾸밈없이 멋진 갈색 나무의 멋진 모습에 눈을 돌려보자.

더 가든 하우스.

갈색과 초록색의 조화

대지의 색인 갈색과 식물을 대표하는 초록색의 만남은 실패할 일이 거의 없다. 식물 중에서도 텃밭에 심는 채소는 먹을 수도 있어서 일석이조의 효과가 있다. 커다란 호박꽃은 노란색이라 더욱 잘 어울리고, 치맛자락처럼 구불구불 하늘거리는 상춧잎은 그 자체로 꽃잎이 된다. 덕분에 밋밋하기 쉬운 텃밭이 정원이 된다.

웨스트 딘 가든.

갈색과 노란색의 조화

풍년화속 식물(Hamamelis)의 노란색 꽃잎은 가늘고 길어서 부드러운 느낌이 들면서도 명도가 높은 노란색이라 밝은 인상을 준다. 꽃잎이 더욱 깨끗해 보이는 이유는 꽃잎 자체가 밝은 색상이기 때문일 수도 있지만 풍년화속 식물의 진한 갈색 잎이 같이 붙어 있기 때문이기도 하다. 갈색과 노란색은 색상환에서 가까운 위치에 있어 친근한 느낌이 들며, 색감의 조화가 잘 이루어져서 한눈에 들어온다.

위슬리 가든.

갈색과 파란색의 조화

보기만 해도 향기가 나는 듯한 파란색 라벤더 뒤로 안개나무꽃이 뭉실뭉실 피어오른다. 안개나무꽃은 꽃이 지면서 색이 점점 옅어지고 연한 갈색빛으로 바뀐다. 안개처럼 피는 꽃 자체만으로도 신기한데, 꽃 색깔이 연한 갈색이 되는 것 또한 궁금증을 일으킨다. 파란색 라벤더꽃의 투명에 가까운 색감이 안개꽃의 연한 갈색과 만나면서 마치 흐르는 물을 떠올리게 한다.

러샴 하우스.

갈색과 어두운 색의 조화

노란색 꽃잎에 어두운 갈색 무늬가 들어간 루드베키아가 휴케라(*Heuchera micrantha* 'Palace Purple')의 어두운 잎과 만나니 두 배로 밝아 보인다. 루드베키아의 꽃잎이 단지 노란색이었다면 너무 혼자 튀는 느낌이 들 수 있는데, 휴케라의 갈색 톤의 도움을 받아 차분하게 가라앉는다. 한여름 화단을 위한 멋진 만남이다.

위슬리 가든.

Abies recurvata var. *ernestii*
아비에스 레쿠르바타 에르네스티이

상록 침엽 교목 / 소나무과 / 전나무속

| 🌼 4~5월 | ⬆ 3월, 11월 | ↕ 4.5m |

Acer palmatum 'Beni-tsukasa'
단풍나무 '베니-츠카사'

낙엽 활엽 교목 / 단풍나무과 / 단풍나무속

| 🌼 4월 | ⬆ 3월, 10월 | ↕ 3~6m |

Acaena affinis
아카이나 아피니스

숙근초 / 장미과 / 아캐나속

| 🌼 5~6월 | ⬆ 3월, 10월 | ↕ 0.5~1m |

Acer palmatum var. *dissectum* 'Dissectum Atropurpureum Group'
공작단풍 '디섹툼 아트로푸르푸레움 그룹'

낙엽 활엽 교목 / 단풍나무과 / 단풍나무속

| 🌼 4월 | ⬆ 3월, 10월 | ↕ 1.5~2.5m |

Acalypha wilkesiana 'Moorea'
아칼리파 윌케시아나 '무레아'

숙근초 / 대극과 / 깨풀속

| 🌼 연중 | ⬆ 3월, 10월 | ↕ 1.5~1.8m |

Acer palmatum 'Katsura'
단풍나무 '카츠라'

낙엽 활엽 교목 / 단풍나무과 / 단풍나무속

| 🌼 4월 | ⬆ 3월, 10월 | ↕ 2.5~4m |

Acer palmatum var. *heptalobum*
헵탈로붐단풍나무

낙엽 활엽 교목 / 단풍나무과 / 단풍나무속

| 4월 | 3월, 10월 | 4~8m |

Asarum caudatum
아사룸 카우다툼

숙근초 / 쥐방울덩굴과 / 족도리풀속

| 3~4월 | 3월, 10월 | 20m |

Adiantum pedatum 'Japonicum'
공작고사리 '자포니쿰'

숙근초 / 봉의꼬리과 / 공작고사리속

| 4~5월 | 3월, 10월 | 40cm |

Athyrium otophorum var. *okanum*
아티리움 오토포룸 오카눔

숙근초 / 개고사리과 / 개고사리속

| 4~5월 | 3월, 10월 | 50cm |

Arbutus menziesii
멘지스딸기나무

상록 활엽 교목 / 진달래과 / 딸기나무속

| 4~5월 | 3월, 10월 | 10~20m |

Begonia 'Marmaduke'
베고니아 '마마듀크'

숙근초 / 베고니아과 / 베고니아속

| 7~8월 | 3월, 10월 | 10~50cm |

Betula ermanii
사스래나무

낙엽 활엽 교목 / 자작나무과 / 자작나무속

🌸 5월　　⬆ 3월, 10월　　↕ 10~15m

Crassula hottentotta
크라술라 호텐토타

숙근초 / 돌나물과 / 대구돌나물속

🌸 2월(온실)　　⬆ 3월, 10월　　↕ 20~50cm

Blechnum penna-marina
페나마리나새깃아재비

숙근초 / 새깃아재비과 / 새깃아재비속

🌸 4~5월　　⬆ 3월, 10월　　↕ 20cm

Digitalis 'Spice Island'
디기탈리스 '스파이스 아일랜드'

두해살이풀 / 질경이과 / 디기탈리스속

🌸 6~7월　　⬆ 3월, 10월　　↕ 0.8~1.2m

Cotinus coggygria 'Royal Purple'
안개나무 '로열 퍼플'

낙엽 활엽 관목 / 옻나무과 / 안개나무속

🌸 7~8월　　⬆ 3월, 10월　　↕ 5~6m

Epimedium trifoliatobinatum subsp. *maritimum*
에피메디움 트리폴리아토비나툼 마리티뭄

숙근초 / 매자나무 / 삼지구엽초속

🌸 4월　　⬆ 3월, 10월　　↕ 50cm

Erythronium dens-canis
에리토로니움 덴스카니스

숙근초 / 백합과 / 얼레지속

3~4월 | 3월, 10월 | 20cm

Hebe ochracea 'James Stirling'
헤베 오크라케아 '제임스 스털링'

숙근초 / 현삼과 / 헤베속

5월 | 3월, 10월 | 10~50cm

Euphorbia amygdaloides 'Purpurea'
유포르비아 아미그달로이데스 '푸르푸레아'

숙근초 / 대극과 / 대극속

4~5월 | 3월, 10월 | 0.5~1m

Helleborus × sternii
헬레보루스 스테르니이

숙근초 / 미나리아재비과 / 헬레보루스속

4~5월 | 3월, 10월 | 50cm

Euphorbia dulcis 'Chameleon'
유포르비아 둘키스 '카멜레온'

숙근초 / 대극과 / 대극속

4~5월 | 3월, 10월 | 50cm

Hippocrepis emerus
히포크레피스 에메루스

낙엽 활엽 관목 / 콩과 / 히포크레피스속

4~5월 | 3월, 10월 | 1.5~2.5m

Iris 'Kent Pride'
이리스 '켄트 프라이드'

숙근초 / 붓꽃속 / 붓꽃과

| 🌼 4~5월 | ⬆ 3월, 10월 | ↕ 0.8~1.2m |

Osmunda regalis
왕관고비

숙근초 / 고비과 / 고비속

| 🌼 4~5월 | ⬆ 3월, 10월 | ↕ 1m |

Isoplexis sceptrum
이소플렉시스 스켑트룸

숙근초 / 현삼과 / 이소플렉시스속

| 🌼 6~8월 | ⬆ 3월, 10월 | ↕ 4m |

Oxalis vulcanicola
옥살리스 불카니콜라

숙근초 / 괭이밥과 / 괭이밥속

| 🌼 5월 | ⬆ 3월, 10월 | ↕ 30~50cm |

Nymphaea 'Red Cup'
수련 '레드 컵'

숙근초 / 수련과 / 수련속

| 🌼 7월 | ⬆ 3월, 10월 | ↕ 20cm |

Phragmipedium longifolium
프라그미페디움 롱기폴리움

숙근초 / 난초과 / 프라그미페디움속

| 🌼 11월(온실) | ⬆ 3월, 10월 | ↕ 50cm |

Pieris koidzumiana
피에리스 코이주미아나

상록 활엽 관목 / 진달래과 / 피어리스속

| ❀ 4~5월 | ↑ 3월, 10월 | ↕ 1~3m |

Rhododendron sp.
진달래속 식물

상록 활엽 관목 / 진달래과 / 진달래속

| ❀ 5~6월 | ↑ 3월, 10월 | ↕ 1.5~2.5m |

Prunus cerasifera 'Pissardii'
자엽꽃자두 '피사르디이'

낙엽 활엽 교목 / 장미과 / 벚나무속

| ❀ 4월 | ↑ 3월, 10월 | ↕ 10~15m |

Ribes lobbii
리베스 로비이

낙엽 활엽 관목 / 범의귀과 / 까치밥나무속

| ❀ 4~5월 | ↑ 3월, 10월 | ↕ 1~2m |

Pseudotsuga menziesii
미송

상록 침엽 교목 / 소나무과 / 미송속

| ❀ 4~5월 | ↑ 3월, 10월 | ↕ 6~7.5m |

Rodgersia podophylla
도깨비부채

숙근초 / 범의귀과 / 도깨비부채속

| ❀ 8월 | ↑ 3월, 10월 | ↕ 1.5m |

Trillium chloropetalum
큰미국연영초

숙근초 / 백합과 / 연영초속

5월 | 3월, 10월 | 50cm

Trillium viride
푸른연영초

숙근초 / 백합과 / 연영초속

5월 | 3월, 10월 | 50cm

Trillium erectum
붉은연영초

숙근초 / 백합과 / 연영초속

5월 | 3월, 10월 | 50cm

Victoria 'Longwood Hybrid'
빅토리아 '롱우드 하이브리드'

숙근초 / 수련과 / 빅토리아속

8월 | 3월, 10월 | 20cm

Trillium flexipes × *erectum*
트릴리움 플렉시페스 에렉툼

숙근초 / 백합과 / 연영초속

5월 | 3월, 10월 | 50cm

× *Sinocalycanthus raulstonii*
시노칼리칸투스 라울스토니이

낙엽 활엽 관목 / 받침꽃과 / 시노칼리칸투스속

8월 | 3월, 10월 | 2.5~4m

Araucaria cunninghamii
아라우카리아 쿠닝하미

상록 침엽 교목 / 아라우카리아과 / 아라우카리아속

🌸 11~2월　　↑ 3월, 10월　　↕ 60m

Cornus walteri
말채나무

낙엽 활엽 교목 / 층층나무과 / 층층나무속

🌸 6월　　↑ 3월, 10월　　↕ 10m

Cercidiphyllum japonicum
계수나무

낙엽 활엽 교목 / 계수나무과 / 계수나무속

🌸 4~5월　　↑ 3월, 10월　　↕ 15~25m

Davidia involucrata
손수건나무

낙엽 활엽 교목 / 층층나무과 / 손수건나무속

🌸 5~6월　　↑ 3월, 10월　　↕ 15~20m

Eucalyptus johnstonii
유칼립투스 욘스토니이

상록 활엽 교목 / 도금양과 / 유카리속

| 7~8월 | 3월, 10월 | 60m |

Nepenthes maxima
네펜테스 막시마

숙근초 / 벌레잡이풀과 / 벌레잡이풀속

| 7~8월 | 3월, 10월 | 0.5~1m |

Gunnera manicata
군네라 마니카타

숙근초 / 군네라과 / 군네라속

| 4~5월 | 3월, 10월 | 3m |

Prunus himalaica
프루누스 히말라이카

낙엽 활엽 교목 / 장미과 / 벚나무속

| 4월 | 3월, 10월 | 10~15m |

Sambucus racemosa 'Sutherland Gold'
레드엘더베리 '서덜랜드 골드'

낙엽 활엽 관목 / 인동과 / 딱총나무속

| 5~6월 | 3월, 10월 | 2.5~4m |

Viburnum sargentii 'Onondaga'
백당나무 '오논다가'

낙엽 활엽 관목 / 인동과 / 산분꽃나무속

| 5~6월 | 3월, 10월 | 3m |

Veratrum nigrum var. *ussuriense*
참여로

숙근초 / 백합과 / 여로속

| 8월 | 3월, 10월 | 1.5m |

검은색

Black

웨스트 딘 가든.

로즈무어 가든.

검은색은 흰색과 마찬가지로 무채색이면서 명도가 제일 낮은 색이다. 수채화에서는 검은색을 만들기 위해 어두운 계통의 물감을 모두 섞어서 최대한 검정에 가깝게 만든다. 즉, 검은색 만들 때 섞는 모든 색과 검정은 어울릴 수 있다는 의미이기도 한다. 검은색은 흰색이나 밝은 계통의 색과 함께하면 밝은색을 더욱 밝게 보이게 해 준다. 검은색만이 가질 수 있는 이색적인 매력을 정원 속으로 끌고 들어와 밝고 어두움의 대비를 강조하거나 '악센트'를 주어서 정원에 특별한 멋을 더해 보자.

검은색은 차분한 인상을 준다

상복의 검정색은 전체적인 분위기를 차분하고 위엄 있게 해 주는 역할을 하고, 검정색 자동차는 고급스러움과 질리지 않는 묵직한 이미지를 준다. 이처럼 검은색은 차분하면서도 감정을 가라앉힐 수 있도록 안정감을 주는 색이다. 그렇다면 정원에서 사용하는 검은색은 어떨까? 마찬가지로 다양한 색들이 섞여 산만할 수 있는 정원의 분위기를 잡아 주는 역할을 할 수 있다.

차이와는 상관없이 밝은 느낌이 더욱 강해지는 것이다. 무채색인 검은색의 장점을 이용해 다양한 색깔의 꽃과 나무를 배열해 보자. 단, 검은색 꽃만으로 채우는 화단은 그다지 매력을 느끼지 못할 수도 있다.

에딘버러 보타닉 가든.

햄튼 코트 플라워 쇼(2006).

검은색은 옆에 있는 색을 밝게 해 준다

검은색은 노란색과 있을 때 노란색의 밝은 느낌을 극대화시키지만, 다른 모든 색과 있을 때도 역시 옆에 있는 색을 밝게 해 준다. 어둡고 차가운 색이 옆에 있으면 꽃 색깔과 양의

검은색은 정원이나 화단에서 강조하는 역할로 활용하면 효과적이다

정원에 심는 식물 중에 검은색을 가지고 있는 경우는 많지 않다. 검은색이 어울릴 만한 곳을 꼽으라고 하면 열대(tropical) 화단일 것이다. 열대식물들은 주로 빨간색과 주황색이 많기 때문에 검은색은 너무 화려해서 질리기 쉬운 시선을 잡아 주는 역할을 한다. 검은색 꽃을 피우는 식물은 많은 양을 모아서 심기보다 강조하고 싶은 곳곳에 소량을 심는 것이 더 효과적이다.

그레이트 딕스터 가든.

검은색과 주황색의 조화

검은색 바탕에 주황색 줄무늬가 있는 칸나잎이 압도적인 느낌을 준다. 웅장한 느낌의 넓적한 잎이 시선을 사로잡으며, 주황색 크로코스미아(Crocosmia)꽃과 최상의 조화를 이룬다. 칸나와 크로코스미아의 꽃은 한여름에 피며, 트로피컬 가든(Tropical Garden)에 특히 더 잘 어울린다. 이 색 조화는 주위의 시선을 한눈에 끌어당기는 힘이 있다.

위슬리 가든.

검은색과 흰색의 조화

스카비오사(Scabiosa)의 흰색과 검은색이 같은 공간에서 피어나고 있다. 검은색은 검은색대로 흰색은 흰색대로 충분히 자기 매력을 드러낸다. 작고 얇은 꽃잎으로 이루어진 꽃송이는 피어나면서 부드러움을 더해 준다. 자칫하면 너무 어두워지기 쉬운 검은색이 흰색 덕분에 밝아지고, 흰색은 검은색 덕분에 더 순백색으로 보인다.

햄튼 코트 플라워 쇼(2006).

검은색과 노란색의 조화

검은색과 노란색은 보색 관계로 두 가지 색이 같이 있으면 각각의 색과 매력이 더 돋보인다.

아킬레아(*Achillea*)의 우산 모양 노란색 꽃과 검은색 다육식물(*Aeonium* 'Zwartkop')의 시원스러운 잎 모양이 비슷하면서도 다른 느낌으로 화면 전체를 꽉 채우고 있다. 숙근초와 다육식물을 화단에 같이 심는 경우는 드물지만 전혀 어색하지 않고 친숙한 느낌을 준다.

햄튼 코트 플라워 쇼(2006).

팩우드 하우스(Packwood House).

검은색과 분홍색의 조화

검은색 꽃을 피우는 코스모스는 최근에 만들어진 개량종이다. 사진 찍을 때 들어오는 빛의 양에 따라 밝고 어둠의 차이가 있기는 하지만, 이 희귀한 식물은 매우 우아함을 뽐낸다. 코스모스와 분홍색 꽃을 피우는 아킬레아는 모두 국화과 식물로, 꽃을 피우는 모양이 비슷해서 친근하면서 귀여운 느낌이 든다. 아킬레아꽃의 가운데에서 피어나는 흰색 관상화(화관의 형태가 가늘고 긴 관 또는 통 모양인 꽃으로 통상화라고도 한다)가 전체적인 분위기를 더욱 밝게 만들어 주고 있다.

검은색과 파스텔색의 조화

'사순절장미'라 불리는 식물 중에서도 겹꽃 헬레보루스 히브리두스 '애시우드스 더블 스트레인'(*Helleborus* × *hybridus* 'Ashwood's Double Strain')의 모습이다. 따뜻하고 포근하며 부드러운 느낌을 주는 연한 파스텔 톤 컬러가 검은색과 어우러지면서 약간의 긴장감을 주고 있다. 크림색에 이어 분홍색이 오고 다음으로 진한 자주색, 그리고 검은색으로 이어지며 연출되는 자연스러움이 돋보인다. 노란색의 봄꽃들이 아직 피기 전 사순절장미꽃의 아름다움은 말로 표현할 수 없을 정도로 사랑스럽다.

위슬리 가든.

***Aeonium* 'Zwartkop'**
애오니움 '즈워트콥'

숙근초 / 돌나물과 / 애오니움속

4~5월 | 3월, 10월 | 1.5m

***Carex* sp.**
사초속 식물

숙근초 / 사초과 / 사초속

4~6월 | 3월, 10월 | 0.8~1m

***Anthurium* black**
안스리움(검은색)

숙근초 / 천남성과 / 안스리움속

11~2월 | 3월, 10월 | 60~80cm

***Cosmos atrosanguineus* 'Chocamocha'**
초콜릿코스모스 '초카모차'

한해살이풀 / 국화과 / 코스모스속

7~8월 | 3월 | 0.8~1m

***Canna* sp.**
홍초속 식물

숙근초 / 홍초과 / 홍초속

7~8월 | 3월, 10월 | 1.5~2m

***Echinacea* sp.**
자주천인국속 식물

숙근초 / 국화과 / 자주천인국속

7~8월 | 3월, 10월 | 1m

Eriophorum vaginatum
황새풀

숙근초 / 사초과 / 황새풀속

4~5월 | 3월, 10월 | 60cm

Geranium phaeum var. *phaeum* 'Samobor'
제라늄 패움 패움 '사모보르'

숙근초 / 쥐손이풀과 / 쥐손이풀속

5~7월 | 3월, 10월 | 60cm

Euphorbia amygdaloides 'Purpurea'
유포르비아 아미그달로이데스 '푸르푸레아'

숙근초 / 대극과 / 대극속

4~5월 | 3월, 10월 | 50cm

Geranium sp.
쥐손이풀속 식물

숙근초 / 쥐손이풀과 / 쥐손이풀속

5~7월 | 3월, 10월 | 60cm

Fagus sylvatica (Atropurpurea Group)
유럽너도밤나무 (아트로푸르푸레아 그룹)

낙엽 활엽 교목 / 참나무과 / 너도밤나무속

4~5월 | 3월, 10월 | 12m

Helleborus × *hybridus* 'Ashwood's Double Strain'
헬레보루스 히브리두스 '애시우드스 더블 스트레인'

숙근초 / 미나리아재비과 / 헬레보루스속

2~4월 | 3월, 10월 | 50cm

Iris 'Cat's Eye'
이리스 '캣츠 아이'

숙근초 / 붓꽃과 / 붓꽃속

| 5~6월 | 3월, 10월 | 80cm |

Iris 'Vigilante'
이리스 '비질란테'

숙근초 / 붓꽃과 / 붓꽃속

| 5~6월 | 3월, 10월 | 80cm |

Iris 'Dark Rosaleen'
이리스 '다크 로살린'

숙근초 / 붓꽃과 / 붓꽃속

| 5~6월 | 3월, 10월 | 80cm |

Ixia viridiflora
익시아 비리디플로라

숙근초 / 붓꽃과 / 익시아속

| 5~6월 | 3월, 10월 | 80cm |

Iris 'Deep Black'
이리스 '딥 블랙'

숙근초 / 붓꽃과 / 붓꽃속

| 5~6월 | 3월, 10월 | 80cm |

Physocarpus opulifolius 'Diabolo'
양국수나무 '디아볼로'

낙엽 활엽 관목 / 장미과 / 산국수나무속

| 6~8월 | 3월, 10월 | 1.5~2.5m |

Polemonium yezoense var. *hidakanum* 'Purple Rain'
히다카꽃고비 '퍼플 레인'

숙근초 / 꽃고비과 / 꽃고비속

| 5~6월 | 3월, 10월 | 50cm |

Rudbeckia fulgida var. *sullivantii* 'Goldsturm'
설리번트루드베키아 '골드스트룸'

숙근초 / 국화과 / 원추천인국속

| 7~8월 | 3월, 10월 | 1m |

Scabiosa sp.
체꽃속 식물

숙근초 / 국화과 / 체꽃속

| 6~8월 | 3월, 10월 | 1m |

Abies delavayi
드라베전나무

상록 침엽 교목 / 소나무과 / 전나무속

| 4~5월 | 3월, 11월 | 25m |

Arisaema sikokianum
시코쿠천남성

숙근초 / 천남성과 / 천남성속

| 4~5월 | 3월, 10월 | 50cm |

Arum rupicola var. *rupicola*
아룸 루피콜라

숙근초 / 천남성과 / 아룸속

🌼 4~5월   ⬆ 3월, 10월   ↕ 1m

Dahlia 'Bishop of Llandaff'
다알리아 '비숍 오브 랜다프'

숙근초 / 국화과 / 다알리아속

🌼 7~8월   ⬆ 3월, 10월   ↕ 1m

Carex elata 'Aurea'
큰물사초 '아우레아'

숙근초 / 사초과 / 사초속

🌼 4~6월   ⬆ 3월, 10월   ↕ 70cm

Dianthus barbatus (Nigrescens Group)
수염패랭이꽃 검은색 그룹

숙근초 / 석죽과 / 패랭이꽃속

🌼 6~8월   ⬆ 3월, 10월   ↕ 0.8~1m

Fritillaria persica
프리틸라리아 페르시카

구근 숙근초 / 백합과 / 패모속

| 4월 | 3월, 10월 | 1~1.2m |

Iris sibirica 'Caesar's Brother'
시베리아붓꽃 '카이사르스 브라더'

숙근초 / 붓꽃과 / 붓꽃속

| 5~6월 | 3월, 10월 | 80cm |

은색

Silver

위슬리 가든의 양탄자 모양 화단.

헤스터콤 하우스.

너무 하얗지도 너무 검지도 않은 은색은 영어로는 '실버'라 표현한다. 우리 지갑 속 동전 중에 10원을 빼고는 모두 은색이고, 머리가 하얗게 변한 할머니·할아버지를 우리는 '실버 세대'라 부른다. 도심 한복판에 가 보면 높이 솟은 빌딩부터 아파트에 이르기까지 도심 속 건물 대부분이 실버에 가까운 회색이다. 이처럼 은색은 우리 일상생활 속에서 중요한 색상으로 자리 잡고 있으며, 언제 보아도 질리지 않는 친근한 색이기도 하다. 이 은색이 정원에서는 어떤 매력을 뽐내는지, 어떤 식물과 조화를 이루면 그 멋이 더욱 빛날 수 있는지 다양한 사례들을 살펴보면서, 나의 정원에도 은색 식물을 하나둘 초대해 보자.

은색은 밝고 화사함을 선사한다

은색은 밝고 화사한 느낌을 준다. 보송보송한 흰색 털들이 식물 전체를 소복이 덮고 있는 램스이어가 앞쪽과 뒷부분의 배경이 되면서 단번에 화단에 밝고 화사함을 전해 주고 있다. 티 없이 깨끗한 파란색과 보라색 꽃을 피운 세이지가 흰색 꽃과 은색과 만나면서 더욱 빛을 발하고 있다. 귀엽고 앙증맞은 꽃 사이로 넓적한 잎과 함께 웅장한 느낌으로 힘 있게 올라오는 램스이어의 줄기가 화단 전체의 균형을 잡아 준다.

첼시 플라워 쇼(2006).

은색은 품격이 있다

고급스러운 빨간색과 귀여운 분홍색 꽃을 피운 양귀비는 그 자체만으로도 충분한 품격이 있다. 하지만 아래에서 위로 솟아오르는 듯한 베르바스쿰(*Verberscum*)의 은색 잎이 함께 어우러지면서 우아함과 품격은 두 배가 된다. 하늘거리는 양귀비의 꽃잎을 두 팔 벌려 한껏 받쳐 주는 듯한 베르바스쿰의 잎은 그 자리를 더욱 품위 있게 해 준다.

첼시 플라워 쇼(2006).

은색은 모든 색을 어우르는 마술 같은 색이다

화단 전체에 여기저기 피어나는 빨간색, 파란색, 노란색, 분홍색 등 색상환의 기본색이 모두, 그것도 한꺼번에 피어 있다. 잘못하면 산만해지기 쉬운 이 정원의 바탕색은 은색이다. 바닥으로 처리한 판석의 회색과 어울리도록 램스이어의 은색을 선택했다. 털이 많은 램스이어를 선택해 부드러움을 강조하기도 한다. 이 정원을 설계한 영국의 가드너 거투르드 지킬은 섬세한 스케치를 바탕으로 웅장하고 넓은 공간의 여러 곳을 은색으로 장식해 정원 전체의 품격을 높였다. 어떤 색과도 잘 어울리는 은색은 마치 마술사 같은 힘을 가지고 있다.

헤스터콤 하우스.

은색과 분홍색의 조화

귀여운 느낌의 분홍색 꽃을 피우는 고데티아 아모에나(Godetia amoena)와 흰색 털로 우아함을 더해 주는 램스이어의 잎이 만나 고상하고 품위 있는 이미지가 연출된다. 고데티아 아모에나의 연분홍색, 진분홍색 꽃잎에는 흰색이 들어가 있어서 분홍색을 더욱 부드럽게 해 준다. 다음에 필 꽃봉오리가 수도 없이 많은 고데티아 아모에나만 있다면 지나치게 화려할 수 있는 화단을 은색의 램스이어가 중화시켜 주는 역할을 한다.

헤스터콤 하우스.

은색과 노란색의 조화

풍성하고 화사한 은색 잎을 가진 산톨리나(Santolina)는 동글동글하고 작은 공 모양의 노란색 꽃을 피운다. 언뜻 보면 두 종류의 식물이 같이 피어 있는 것처럼 보이지만 자세히 들여다보면 한 종류로만 만들어진 화단이다. 지중해 연안이 원산지인 산톨리나는 지중해의 강렬한 햇빛을 반사하기 위해 잎을 은색으로 만들고 노란색 꽃을 피워 벌과 나비를 유인한다. 은색 잎에 연노란색 꽃, 그리고 잔디밭 사이사이로 흰색 꽃을 피우고 있는 토끼풀이 녹색의 식물을 배경으로 더욱 귀엽고 아기자기한 풍경을 만들어 내고 있다.

헤스터콤 하우스.

은색과 흰색의 조화

은색과 흰색이 만나면 눈부시다. 잎과 줄기 모두 양털처럼 보송보송한 털로 싸인 동자꽃(*Lychnis coronaria*)은 순백의 꽃이 피기도 하고, 자줏빛에 가까운 분홍색의 꽃이 피기도 한다. 흰색과 분홍색 모두 깨끗하고 우아한 이미지가 있기 때문에 은색 줄기와 만나면 그 자체만으로도 부드러운 이미지를 물씬 풍긴다. 단, 은색과 흰색의 양이 너무 많아지면 흐릿한 느낌이 날 수 있기 때문에 적절한 양의 선택이 무엇보다 중요하다.

은색과 보라색의 조화

닭의장풀의 개량종인 트라데스칸티아(*Tradescantia pallida* 'Purpurea')의 진한 보라색 잎이 은색 헬리크리숨(*Helichrysum petiolare* 'Variegatum')과 만나면서 최상의 조합을 이루고 있다. 서로 반대색인 보색 효과는 아니지만, 은색의 부드러움이 강하고 진한 색의 트라데스칸티아를 더욱 돋보이게 한다. 사진에서 보듯 은색은 어두운 식물의 주변에 심거나 어두운 장소에 심으면 주변을 밝게 해주는 역할을 한다.

욜딩 오가닉 가든(Yalding Organic Garden).

위슬리 가든.

은색과 초록색의 조화

초록색을 배경으로 존재하는 부드러운 은색이 우선 편안하고 안정감을 느끼게 한다. 멀리 보이는 노부부와 정원의 전체적인 분위기가 아주 잘 어울린다. 연못가 바닥에 깔린 식물은 램스이어이며, 그 옆에 키가 큰 식물은 우리나라의 쑥과 같은 속인 아르테미시아(*Artemisia*)다. 연못 반대편, 즉 사진 맨 앞쪽으로 핀 하얀 장미꽃이 정원 전체를 환하게 밝혀 주고 있다. 연세가 지긋하신 어른들과 잘 어울리는 실버가든을 만들어 보는 것은 어떨까.

틴틴헐 가든.

은색과 파란색의 조화

뾰족한 잎을 힘차게 뻗어 올린 아불라루이지아나쑥(*Artemisia ludoviciana var. albula*)과 공 모양의 파란색 꽃을 피우는 에키놉스(*Echinops ritro*)가 만나 깨끗하면서도 시원한 느낌을 준다. 또 에키놉스의 둥근 모양 꽃이 안정감을 주기도 한다. 식물의 생김새가 먼저 눈에 들어오면 거칠어 보일 수 있지만, 은색과 에메랄드빛 파란색 꽃이 조화를 이루고 있는 모습을 찬찬히 들여다보고 있으면 편안함이 찾아온다.

팩우드 하우스.

Abies concolor 'Glauca Compacta'
은청전나무 '글라우카 콤팍타'

상록 침엽 관목 / 소나무과 / 전나무속

5월 | 3월, 11월 | 1.5~2.5m

Abies procera 'Glauca'
귀족전나무 '글라우카'

상록 침엽 교목 / 소나무과 / 전나무속

5월 | 3월, 10월 | 10~15m

Abies koreana
구상나무

상록 침엽 교목 / 소나무과 / 전나무속

5월 | 3월, 10월 | 12m

Abies recurvata var. ernestii
에르네스티이자과전나무

상록 침엽 교목 / 소나무과 / 전나무속

5월 | 3월, 10월 | 12m

Abies procera 'Glauca Prostrata'
귀족전나무 '글라우카 프로스트라타'

상록 침엽 관목 / 소나무과 / 전나무속

5월 | 3월, 10월 | 0.5~1m

Alkanna graeca
알칸나 그레카

숙근초 / 지치과 / 알칸나속

5~8월 | 3월, 10월 | 0.5-1m

Arabis alpina subsp. *caucasica* 'Flore Pleno'
코카서스고산장대 '플로레 플레노'

숙근초 / 십자화과 / 장대나물속

🌼 5~6월   ⬆ 3월, 10월   ↕ 10~50cm

Cynara cardunculus 'Dwarf form'
아티초크 '드워프 폼'

숙근초 / 국화과 / 키나라속

🌼 7~9월   ⬆ 3월, 10월   ↕ 30~50cm

Artemisia schmidtiana
은쑥

숙근초 / 국화과 / 쑥속

🌼 7~8월   ⬆ 3월, 10월   ↕ 30~50cm

Dryas drummondii
드러먼드담자리꽃나무

숙근초 / 장미과 / 담자리꽃나무속

🌼 5~7월   ⬆ 3월, 10월   ↕ 50cm

Cerastium tomentosum
우단점나도나물

숙근초 / 석죽과 / 점나도나물속

🌼 5~6월   ⬆ 3월, 10월   ↕ 10~50cm

Echeveria hybrid 'Round leaf'
에케베리아 히브리드 '라운드 리프'

숙근초 / 돌나물과 / 에케베리아속

🌼 4~8월   ⬆ 3월, 10월   ↕ 10~20cm

Elatostema repens var. *repens*
엘라토스테마 레펜스 레펜스

숙근초 / 쐐기풀과 / 엘라토스테마속

| 8월 | 3월, 10월 | 10~20cm |

Eryngium sp.
에린기움속 식물

숙근초 / 산형과 / 에린기움속

| 6~8월 | 3월, 10월 | 0.8~1m |

Eryngium amethystinum
자수정에린기움

숙근초 / 산형과 / 에린기움속

| 6~9월 | 3월, 10월 | 50cm |

Eryngium variifolium
에린기움 바리폴리움

숙근초 / 산형과 / 에린기움속

| 7~8월 | 3월, 10월 | 50cm |

Eryngium maritimum
해안에린기움

숙근초 / 산형과 / 에린기움속

| 6~9월 | 3월, 10월 | 20~60cm |

Eucalyptus gunnii
구니유카리

숙근초 / 도금양과 / 유카리속

| 7~8월 | 3월, 10월 | 0.5~1m |

Geranium sp.
쥐손이풀속 식물

숙근초 / 쥐손이풀과 / 쥐손이풀속

🌼 6~8월   ↑ 3월, 10월   ↕ 50cm

Helichrysum petiolare 'Variegatum'
헬리크리슘 페티올라레 '바리에가툼'

숙근초 / 국화과 / 헬리크리슘속

🌼 5~7월   ↑ 3월, 10월   ↕ 10~50cm

Helianthemum 'Henfield Brilliant'
헬리안테뭄 '헨필드 브릴리언트'

숙근초 / 시스투스과 / 헬리안테뭄속

🌼 5~7월   ↑ 3월, 10월   ↕ 50cm

Helichrysum petiolare
헬리크리슘 페티올라레

숙근초 / 국화과 / 헬리크리슘속

🌼 7~10월   ↑ 3월, 10월   ↕ 0.5~1m

Helianthemum scardicum
헬리안테뭄 스카르디쿰

숙근초 / 시스투스과 / 헬리안테뭄속

🌼 5~7월   ↑ 3월, 10월   ↕ 50cm

Jacobaea maritima
백묘국

한해살이풀 / 국화과 / 금방망이속

🌼 7~8월   ↑ 3월, 10월   ↕ 50~80cm

Lithops marmorata
리토프스 마르모라타

숙근초 / 국화과 / 리토포스속

10~11월 | 3월, 10월 | 10cm

Oxalis enneaphylla
옥살리스 엔네아필라

숙근초 / 괭이밥과 / 괭이밥속

5~7월 | 3월, 10월 | 0.3m

Lychnis coronaria
우단동자꽃

숙근초 / 석죽과 / 동자꽃속

6~8월 | 3월, 10월 | 50~80cm

Parahebe perfoliata
파라헤베 페르폴리아타

숙근초 / 현삼과 / 파라헤베속

6~8월 | 3월, 10월 | 50~80cm

Olea europaea
올리브나무

상록 활엽 교목 / 물푸레나무과 / 올리브나무속

7월 | 3월, 10월 | 15m

Pennisetum villosum
털수크령

숙근초 / 벼과 / 수크령속

6~7월 | 3월, 10월 | 0.5~1m

Picea pungens 'Globosa'
은청가문비나무 '글로보사'

상록 침엽 관목 / 소나무과 / 가문비나무속

❀ 4~5월　　🌱 3월, 10월　　↕ 0.5~1m

Potentilla calabra
포텐틸라 칼라브라

숙근초 / 장미과 / 양지꽃속

❀ 5~7월　　🌱 3월, 10월　　↕ 50cm

Picea spinulosa
시킴가문비나무

상록 침엽 교목 / 소나무과 / 가문비나무속

❀ 4~5월　　🌱 3월, 10월　　↕ 40m

Santorina chamaecyparissus
산톨리나 카메키파리수스

숙근초 / 국화과 / 산토리나속

❀ 6~8월　　🌱 3월, 10월　　↕ 0.5~1m

Plectranthus oertendahlii 'Uvongo'
플렉트란투스 에르텐다힐리이 '우봉고'

숙근초 / 꿀풀과 / 방아풀속

❀ 1~3월　　🌱 3월, 10월　　↕ 10~50cm

Sempervivum 'Silver Spring'
셈페르비붐 '실버 스프링'

숙근초 / 돌나물과 / 상록바위솔속

❀ 7~8월　　🌱 3월, 10월　　↕ 10cm

Stachys byzantina
램스이어

숙근초 / 꿀풀과 / 석잠풀속

6~7월 · 3월, 10월 · 0.5~1m

Tsuga canadensis 'Pendula'
캐나다솔송나무 '펜둘라'

상록 침엽 관목 / 소나무과 / 솔송나무속

5월 · 3월, 10월 · 1.2~1.5m

Stachys olympica
스타키스 올림피카

숙근초 / 꿀풀과 / 석잠풀속

6~7월 · 3월, 10월 · 0.5-1m

Weigela 'Florida Variegata'
꽃병꽃나무 '플로리다 바리에가타'

낙엽 활엽 관목 / 인동과 / 병꽃나무속

5~6월 · 3월, 10월 · 1.5~2m

Tanacetum parthenium 'Rowallane'
피버퓨 '로왈레인'

숙근초 / 국화과 / 쑥국화속

9~10월 · 3월, 10월 · 2m

Artemisia ludoviciana 'Valerie Finnis'
루이지아나쑥 '발레리 피니스'

숙근초 / 국화과 / 쑥속

| 6~8월 | 3월, 10월 | 0.5~1m |

Convolvulus cneorum
비단목메꽃

상록활엽관목 / 메꽃과 / 서양메꽃속

| 6~8월 | 3월, 10월 | 50cm |

Calamagrostis brachytricha
실새풀

숙근초 / 벼과 / 산새풀속

| 7~10월 | 3월, 10월 | 1.5m |

Meconopsis regia
메코놉시스 레기아

숙근초 / 양귀비과 / 메코놉시스속

| 6~7월 | 3월, 10월 | 50~80cm |

Pyrus salicifolia 'Pendula'
버들잎배나무 '펜둘라'

낙엽 활엽 교목 / 장미과 / 배나무속

❀ 4월　　↑ 3월, 10월　　↕ 8~12m

Senna artemisioides
세나 알터미시오이데스

상록 침엽 관목 / 콩과 / 세나속

❀ 1~2월　　↑ 3~10월　　↕ 2m

목수책방의 정원책

《생명의 정원
— 세계 최고의 정원디자이너 메리 레이놀즈가
알려 주는 야생 정원 만들기의 모든 것》
메리 레이놀즈 지음, 김민주+김우인+박아영 옮김

땅을 건강하게 회복시켜 땅과 인간이 다시 연결되어 협력하며 생명의 '숲정원'을 만드는 방법을 알려 주는 책이다. 정원을 가꾸는 일이 자연과 친밀한 관계를 맺는 일임을 강조하며, 우리의 삶과 땅을 깨우는 '새로운' 정원디자인의 세계로 이끌어 준다.

《정원 잡초와 사귀는 법
— 오가닉 가든 핸드북》
히키치가든서비스 지음, 양지연 옮김

해롭고 성가신 존재로 취급받는 '잡초'를 생태계를 위한 중요한 동료로 바라보게 해 주며, 정원식물에 기대어 사는 뭇 생명과 공존하며 건강하고 아름다운 정원을 만드는 법에 관한 실용적이고 풍부한 정보를 제공하는 책이다.

《지구를 돌보는 정원사들을 위한
오가닉 가든 만들기 안내서》
히키치가든서비스 지음, 김현정 옮김

관리하기 쉽고, 누구나 편리하게 즐길 수 있으며, 가능한 한 최소의 에너지를 사용하며, 다양한 생명이 함께 살아갈 수 있는, 삶과 자연을 연결하는 건강한 정원! 생명다양성이 높고, 건강한 물질 순환이 이루어지는 '오가닉 가든'을 만들기 위한 구체적인 방법을 안내한다.

《자연정원을 위한 꿈의 식물》
피트 아우돌프+헹크 헤릿선 지음, 오세훈+이대길+최경희 옮김

'새로운 여러해살이풀 심기 운동'을 일으킨 두 명의 선구적인 정원디자이너가 함께 쓴 여러해살이풀 안내서. 여러해살이풀들을 이용해 생명력 넘치는 아름다운 '자연정원'을 만들려는 이들에게 영감과 도움을 주는 책이다.

《식재디자인
— 새로운 정원을 꿈꾸며》
피트 아우돌프+노엘 킹스버리 지음, 오세훈 옮김

현대 정원·조경 분야에서 주목받고 있는 '자연형 식재'의 모든 것이 담긴 책. 특히 여러해살이풀 중심 식재와 정원 만들기의 장점과 가치를 알린 세계적인 정원디자이너 피트 아우돌프의 식재디자인 방법을 집중 조명한다.

《후멜로
— 피트 아우돌프의 삶과 정원》
피트 아우돌프+노엘 킹스버리 지음, 최경희+오세훈 옮김

네덜란드 시골 마을 후멜로에서 시작하여 세계적인 식물·정원전문가로 성장한 피트 아우돌프가 지나온 삶의 여정을 살피며, 그가 선구적 역할을 한 여러해살이풀 중심의 자연주의 식재 트렌드가 어떻게 변화해 왔는지도 살핀다.

《아름답고 생태적인 정원을 위한
자연주의 식재디자인》
나이절 더닛 지음, 박소현+박효근+주이슬+진민령 옮김

생태적이면서도 사람들의 마음을 움직이는 아름다운 정원, 최소한의 자원을 투입해 최고의 효과를 거두는 지속 가능한 식재가 어떻게 가능한지 풍부한 사례와 함께 그 방법을 소개하는 '자연주의 식재디자인' 안내서다.

《구근식물 식재디자인》
자클린 판데어클루트 지음, 최경희 옮김

세계적인 구근식물 식재디자이너의 오랜 경험이 녹아 있는 구근식물 안내서. 한 해 동안 자라는 구근식물에

관한 정보를 개화 순으로 소개하는 이 책은 구근식물의 종류, 식재 방법, 유용한 도구, 색상별 조합 등은 물론이고 계절별 식재 조합도 추천한다.

《동반식물로 가꾸는 텃밭·정원 안내서》
제시카 월리서 지음, 별난농부들 옮김

병충해와 잡초를 줄이고, 지력을 높이며, 토양구조를 개선하고, 이로운 곤충과 수분 매개 곤충을 불러들이는 방법으로 건강한 텃밭·정원을 만들고 싶은 이들을 위한 책으로, 과학적 연구에 근거한 동반식물 재배 전략을 소개한다.

《베케, 일곱 계절을 품은 아홉 정원》
김봉찬+고설+신준호 지음

우리나라의 대표적인 생태·자연주의 정원으로 손꼽히는 제주 '베케'의 일곱 계절과 아홉 정원 이야기를 담은 책. 사람과 자연이 서로를 품어 주며 하나가 되는 공간을 꿈꾸는 베케정원은 우리에게 다시 정원의 의미와 존재 가치를 묻는다.

《찍박골정원
— 신나는 실패가 키운 나의 정원 이야기》
김경희 지음

인제 찍박골정원을 만들고 가꾸는 정원사가 식물과 정원에 '진심'인 사람들에게 전하는 '발로 배운 가드닝'에 관한 기록이다. 10년에 걸쳐 아홉 개의 정원 조성하며 겪었던 '소중한 실패'와 그 실패로부터 배운 가드닝 지식이 담겨 있다.

《살바토레정원에 꽃이 피었습니다
— 대관령 정원사의 전원생활 예찬》
윤민혁 지음

꽃과 책, 음악과 걷기, 바람과 눈의 마을 대관령을 사랑한 어느 산책자의 기록이자 매일 행복한 고통을 즐기는 정원사의 이야기를 담았다. 자연과 벗하며 정성스럽게 가꾸어 온 작은 정원에 관한 이야기는 특히 가드닝에 관심이 있는 사람들에게 큰 도움이 될 것이다.

《숲새울의 정원식물 243》
최가영+신재열 지음

2020년 산림청 '아름다운 정원 콘테스트'에서 대상을 받은 숲새울정원에서 만날 수 있는 243종의 정원식물을 소개한다. 20여 년 자연에게 배우며 정원을 가꾸어 온 엄마 정원사와 딸 정원사가 정리한 숲새울정원의 월별 주요 식물 정보와 정원 가꾸기 노하우가 담겨 있다.

《정원의 순간
— 조구연의 정원에서 내일을 묻다》
이동협 지음

40여 년간 정원을 가꾸어 오고 있는 충남 공주의 소문난 생육 전문가 조구연의 정원 이야기를 통해 '슬기로운 정원생활'이 어떻게 가능한지를 탐색하며, 부담 없이 즐기고 지켜 나가야 하는 내 곁의 가장 가까운 정원에 관한 현실적인 이야기를 풀어 놓는다.

《서울 골목길 비밀정원(개정판)
— 동네 동산바치들이 만든 소박한 정원 이야기》
김인수 지음

오직 자연과 식물을 사랑하는 마음으로 자발적으로 만들어지고 유지되는 동네 동산바치들의 소박하고 우아한 정원이 이 책의 주인공이다. 오랜 세월 이어지는 소시민들의 생활밀착형 정원이야말로 서울을 숨 쉬게 하는 아름답고 오래된 미래의 정원이다.

《정원도시 부여의 마을 동산바치 이야기》
김인수+김혜경 지음

정원도시 부여에서 만난 동네 동산바치들의 소박하고 아름다운 정원 이야기를 담은 책. 개인의 식물 가꾸기가 어떻게 마을 공동체에 영향을 주는지도 보여 주며, 부여가 자랑하는 소중한 생태·문화자산 정보도 소개한다.

정원 구상부터 작은 화단 만들기까지
시골 정원사의 가드닝 교실

오도 지음
1판 1쇄 펴낸날 | 2025년 6월 25일

펴낸이 | 전은정
펴낸곳 | 목수책방

출판신고 | 제25100-2013-000021호
대표전화 | 070 8151 4255
팩시밀리 | 0303 3440 7277
이메일 | moonlittree@naver.com
블로그 | blog.naver.com/moonlittree
페이스북·인스타그램 | moksubooks
스마트스토어 | smartstore.naver.com/moksubooks

디자인 | 스튜디오 폼투필

Copyright ⓒ 2025 오도
이 책은 저자 오도와 목수책방의
독점 계약에 의해 출간되었으므로
이 책에 실린 내용의 무단 전재와
무단 복제, 광전자 매체 수록을 금합니다.

ISBN 979-11-88806-68-3 (13520)
가격 32,000원